U0019457

AWKWARD

The Science of Why We're Socially Awkward and Why That's Awesome

社交囧星人的生存之道

不擅交際又如何？

心理學家教你將社交尷尬發揮為優勢，把怪異變優異

泰田・代 博士—著 謝凱蒂—譯

Ty Tashiro, PhD

推薦序

讓安靜的我們，一起練習社交自在吧！

《安靜是種超能力》作者　張瀞仁

在冰天雪地的明尼蘇達念研究所那段日子，是我開始了解自己不只是安靜、而是根本發言有困難的時候。

課堂上的討論、同事間的閒聊，本來就深思熟慮的性格、加上陌生的英文環境，我的腦袋常常像CPU超載的電腦，動不動就當機。

內向是需要獨處來恢復能量，社交困難是較難解讀社交訊號和做出適當回應；雖然兩者差別很大，但許多內心的小劇場卻有些類似。

「她對我笑，而且身體越來越靠近我，我要怎麼辦」、「門口的警衛每次都會起立跟我說早安，但我只想安靜地出門。好吧，他果然站起來了，現在我要說甚麼？」

中間不乏像作者一樣有過糗爆了、或沮喪到再也不想出席社交場合／上台演講（後面可以接任何情境）的時候；但隨著生活與職場經驗變多，加上有系統性的方法和練習，現在大家看到我更常說的是「妳哪裡內向」。

對不擅掌握社交訊號的人要融入團體來說，或許就像內向者努力社會化、甚至有點像運動員邁向頂尖的過程：嘗試尋找有效的訓練方法、不斷突破舒適圈、加上辛苦而長時間的刻意練習。

而之中關鍵的角色，常常或許只是少數身邊的人，就像書中的風雲人物柏克。在哈佛大學受訓期間，我有機會拜訪麻省理工學院，我永遠不會忘記那些聰明絕頂的年輕人，關在跟修車廠一樣充滿各式工具的實驗室裡，低頭研發可能永遠不會讓他們得獎、卻可以大幅改善落後地區生活的設備。實驗室主任說出他們的信念「永遠要彎下腰、蹲下來幫助有需要的人」。

無論是對待同學中不受歡迎的那個、或遙遠國度中生活艱困的人，作者提出的「公平、善良、忠誠」三要素都可以是我們在心中可以一以貫之的原則。柏克就是這樣的例子，他強悍、靈活、功課好、大家都崇拜，但碰到弱者卻會成熟地想「如果有人陷入最低潮，就是你應該對他付出最多的時候」。

無論自己多麼脆弱，總是有人需要自己的協助；而有時候幫助別人，或許也是幫助了低潮時的自己。至少我現在是這樣想的。

如果有天再回到冰天雪地的明尼蘇達大學（是作者跟我共同的母校），或許我可以笑著跟作者說：「嘿，我們都撐過來了，我甚至還能幫你寫推薦序呢！」。我可以想像，接下來雙方都不發一語、氣氛卻毫不尷尬，然後一起露出那種雨過天晴後的會心一笑。

推薦序

囧星人奧德修斯的社交之旅

國立台北教育大學心理與諮商學系副教授　洪素珍

古希臘傳奇英雄奧德修斯離鄉背井，辛苦征戰十年，直到獻上木馬屠城奇計，攻破特洛伊城後，終於可以回家。然而，這趟返鄉之旅卻艱辛倍嚐，他用盡智慧與勇氣破除險阻，心願方以得償。

奧德修斯帶著並肩作戰多年的一群水手，從位於現今土耳其臨愛琴海邊的特洛伊城啟程，跨越愛琴海，繞過伯羅奔尼薩半島，目的地是回到位於希臘半島左側的伊薩卡小島王國，以當時的帆船的技術，應該兩週內就可以到家。然而，他卻足足在海上漂流十年，為什麼？如果把神鬼妖魔阻撓的海上驚奇，看成追尋自我的心理歷程，那麼答案就很清楚了——一切都是「心魔」所致。他在廣闊無垠的無意識心海裡漂流，立定找到心靈自我原鄉的志向，卻得經歷種種經由心靈投射出現、看似外來的象徵的考驗和磨難，協助自我整合，最後才有力量降伏真實的外在，完成心願。這場海上歷險的目的便在於整合內在，以獲得進入文明後與人周旋的力量，終得掌控外在環境，達到以心御境的境界。

史詩《奧德賽》多重多義，不管從文明追尋、社會發展，或者倫理道德秩序建立……等等角度，都有可解讀的深意，然終極要義不外乎心靈與外在環境的互動。閱讀泰田博士的《社交囧星人的生存之道》一書，也可從這個角度切入。

這本書是為所謂「不擅社交的人」寫的，也許有人期待它是部「指南」，協助讓人從痛苦的交際中獲得解脫（甚或歡喜）之道。書中確實可找到些「方法」，也獲得點「勵志」的鼓舞，但並不止於此。更深刻的，它是張社交的心理歷險海圖。

在戰場煎熬十年，又海上漂流十年的奧德修斯，離群索居、遠離文明久矣，極度懷鄉，卻也近鄉情怯。放到現代場景，他便是個「社交囧星人」，既怕孤獨，又不知如何進入社群。泰田博士書中所舉，社交天線太敏感、人際過敏症、缺乏社交DNA、情緒障礙以及社交腦不發達……等「症狀」，活脫便是戰後的奧德修斯內在寫照，這些都需要他（社交恐懼者）克服，得「有備而來」方可應對。比如他在面對海妖賽壬惑人心神的歌聲時，想聽卻又害怕，於是讓同伴把他綁在船桅，預防失控，才通過考驗。這跟泰田博士讓社交囧星人理解自己心理機制，再進行建設之道的種種建議，實有異曲同工之妙。等到面對社交實戰，具備合宜的心理素質，自然更有勝算，而遊刃有餘。

本書多以作者親歷的故事為分析基礎，可操作性高，同時具備實證與深度心理學的分析，值得閱讀，茲以為推薦。整合內在，面對人群，勇敢社交！奧德修斯做得到，社交囧星人也可以！

推薦序

讓社交囧星人不再困窘

王意中心理治療所所長／臨床心理師　王意中

《社交囧星人的生存之道：不擅交際又如何？心理學家教你將社交尷尬發揮為優勢，把怪異變優異》這本書豐富的地方，在於讓我們能夠透過科學性的實驗、調查、研究與理論的支持與佐證之外，更難能可貴地透過作者自身經驗與相關案例的分享，讓處在社交技巧匱乏的朋友發現原來自己並不孤單，藉由善意的理解，更加貼近與呵護了社交囧星人的內心世界。

此外，書中詳細地針對社交技巧匱乏進行鑑別診斷，避免讓自己流於自行猜測，或給自己任意貼上障礙的標籤，讓自己陷入不合理的自我設限，更加蜷縮在社交的困境中。

原來人生不需要砍掉重練，而是重新解讀自己獨特的特質。讓自己可以無所顧慮維持自己獨一無二的優勢特質，適時調整、修正與升級自己的社交履歷，微調與更新更符合自己社交模式的能力。

萃取自我特質的優勢精華，不全盤否定自己的特質，也不一味迎合外在自以為是、社交非得如何的標準。深刻感受到自己的特質是資產，不全然都是負債。全盤掌握自己的社交資產負債表，同時適時覺察與得出符合自己社交需求，才能獲得最適切的社交損益表成績。

社交沒有標準模式，不需中央廚房或一定得透過ＳＯＰ。而是選擇最適合自己的狀態，以自己熟悉的模式來解套。接納自己的所有特質，從理論與案例中解析自己，非自我否定、而是讓自己的優勢更加強化，擺脫社交尷尬的窘境。

本書讓讀者可以瞭解，原來在漫長看似無盡頭的社交長隧道裡，如果我們願意掌握方向盤，腳踩油門，往前直行至心所嚮往的目標，其實明亮就在不遠處。社交技巧匱乏總是會有出口的，不至於讓自己陷入無盡的迴圈，而繞不出來。

誠摯和你分享本書，讓自己學習更加體貼自己，善待自己，而不為難自己一定需要比照社會的標準，來自我要求符合社會上對於人際社交的認定，讓社交囧星人不再困窘。

目錄

第三部——發展屬於自己的生存之道 235

前言
我只是慢熱又不擅交際，請不要排擠我

我感覺到所有人正對我行注目禮。衣著光鮮的賓客在泳池的安全距離之外啜飲香檳，我面前有個瘦小的六歲男孩正在水裡掙扎，眼看要滅頂，我該怎麼辦？大家正在狐疑，我也是。

我一再伸手想拯救這個四肢狂舞的孩子，但他一再拒絕，還一邊大喊：「我自己弄啦！」我很不安，覺得我該負責，卻又想尊重他的努力，於是讓他繼續掙扎下去。賓客投來批判的眼光，他卻頑強地堅持自己想辦法，我的立場真是尷尬極了，而且他根本不是我兒子。

史班瑟是扎克的兒子，扎克是我在明尼蘇達大學的研究所同學，我們一直有聯絡。這是二〇一三年秋天，我到佛州參加心理學會議，順便拜訪扎克和他太太莉蒂亞，我抵達當天，他們剛好在後院幫莉蒂亞辦生日派對。史班瑟的個性向來冷淡，一見到我卻不知怎的立刻當我是死黨。

賓客一一上門，都以大人慣常對待六歲小孩的態度，努力用娃娃音問史班瑟幾歲了，再親暱地抱抱他，或是問他：「史班瑟！你記得我是誰嗎？」大家都很親切，但這些社交客套話聽在史班瑟耳裡，就像指甲刮黑板的聲音。我看到他的肢體語言越來越退縮，明顯地越來越焦慮。最後，某位賓客問了個完全出自好意的問題：「嘿！小伙子，你怎麼長得這麼帥啊！」但史班瑟頭一扭，對著我說：「我要你教我游泳！」

史班瑟和我同時轉頭看著扎克和莉蒂亞，徵求他們同意。扎克和莉蒂亞說，他們得接待賓客，如果我可以陪史班瑟玩，那就太好了。史班瑟準備下泳池的時候說：「昨天有游泳課，我有練習跳水之後又游回來。」他示範這個特技給我看，重複兩三次之後，覺得自己的厲害已經不稀奇，於是調整一下蜘蛛人泳鏡，宣布他要游過十六呎長的泳池。

史班瑟指示我保持在他前面兩呎之處，他要用狗爬式游完全程，但起初幾次都不到半途就敗北，每次他開始陷入掙扎的時候，我伸出的援手都被拒絕，等到撐不住了才叫我幫忙，讓我抱他回到起點，休息一分鐘之後，他就說：「再來一次！」

我雖非奧林匹克運動員，但即便以六歲的標準而言，史班瑟的體耐力或協調性都算不上有天賦。他游泳的動作活像抽筋，讓人看在眼裡打從心裡不舒服，他上氣不接下氣的模樣又讓場面更糟。我能欣賞他那不顧一切的膽識，但實在擔心他會溺水。我看看扎克和莉蒂亞，尋求指示，但他們只是點點頭，好似史班瑟那駭人的掙扎再尋常不過。

每失敗一次，史班瑟就更惱怒一些，第四度失敗之後，他顯然就要哭了。我抱他回起點，說他已經進步很多，然後建議我們明天再繼續。我說話時他並沒有看著我，或許根本沒聽到我提供的下臺階，看似已陷入腦中思緒，正反覆檢討失敗原因，並試著要想出解決辦法。他直直看向我，但並未與我眼神交會，淡定的說：「再一次……」

為了瞭解史班瑟的企圖心，我們可以先談談他爸媽。扎克是應用數學研究所的明星學生，畢業後進入美國太空總署工作，成為火箭科學家；而莉蒂亞則是國內頂尖的智慧財產權律師。這對傑出的夫妻無論是學識與企圖心都超越常人，同時也非常謙遜又大方，一直以來都對我很好。

扎克從機場接我回家的路上，說到他非常擔心史班瑟。上幼稚園的時候，史班瑟似乎沒興趣跟其他孩子一起玩，偶爾與同儕互動的時候，常常太激動，被看成怪胎。孩子對太空旅行或火車感興趣也很正常，但史班瑟一心鑽研的卻是行星軌道或引擎內燃系統之類的問題。因為這些不尋常的興趣與激動的行為模式，讓他跟別人都玩不來。學校課業讓史班瑟感到無聊，老師給他的評語大多是用於年紀更長的孩子，例如：聰明但不合群、尚有進步空間。

每當史班瑟開始滔滔不絕說起行星軌道，或是解釋蒸汽引擎的運作方式，聰慧到發光的模樣總令大人們驚奇。他的腦子永遠停不下來，他懂得如何結合所知的大量資訊，得出觀察結論，就像個四十歲的教授被困在六歲孩子的體內，但是，他在社交技巧上的匱乏，就跟他的早熟才能一樣顯眼。他與旁人四目交接時，眼神總是飄忽不定，肢體語言也不足，下課時間基本上只是自己一個人玩。

學校的輔導師建議讓兒童心理醫師評估史班瑟是否患有過動症或學習障礙等失調問題。一天晚上，史班瑟上床睡覺之後，扎克請我幫忙看看學校給的報告，上面有一些不甚具體的建議。他知道我沒法當史班瑟的心理醫師，但他急於瞭解兒子的心理狀態，希望身為心理學教授的我或許能建議該怎麼協助史班瑟。

根據學校心理師評估，史班瑟的智商很高，在同齡者之中排序前百分之一，精神病理學測驗結果也不足以診斷為過動症或對立反抗症之類的失調症狀，但我確實從報告看到不均衡的表現，他的自我控制能力排列在同齡者的最末百分之十，強迫症傾向則是前百分之五。史班瑟的狀況尚不足以診斷為失調，但似乎介於正常與失調之間的模糊地帶，學校心理師給史班瑟的診斷是「廣泛性發展障礙—待分類」，這些心理學語彙翻譯成白話就是：「社交方面有點問題，但我不確定到底是啥。」

我們看過報告之後，扎克與莉蒂亞問了一個很合理的問題：「那我們該怎麼辦？」但我沉默良久，說：「很抱歉，我不知道。」我的回應啟動了莉蒂亞的律師模式，她開始發動一連串詰問。

「他為什麼會被當成怪咖？是什麼原因造成的？」

「這個，莉蒂亞，目前還沒有資料可以……」

「有多少孩子覺得自己不擅長社交？」

「我不確定是否有人做過調查……」

「不擅長社交的人也可以快樂嗎？他們也可以交到朋友嗎？」

「當然可以，但是……」

「那你是怎麼交到朋友的？你就很不擅長社交。」

莉蒂亞愧咎地漲紅了臉，為她衝口而出的話而不斷道歉，但我說她無需道歉，她說的話反而讓我開心地發現，雖然我的笨拙依然無法完全隱藏，但我仍對自己的生活感到滿足。莉蒂亞那樣急著道歉，幾乎有點恐慌似的，這卻是我曾經非常熟悉的心情，過去的我面對社交世界的快速步調，曾暗自狐疑自己怎可能理解其中訣竅，心中總是充斥這種近乎恐慌的心情。不知多少年前開始，恐慌的心情不再困擾我，只是我也不明白自己為什麼變了？又是怎麼變的？

我日日鑽研社會科學研究報告，不想竟參不透自己的轉變。我想必定有現存的研究報告可以指出某些人的社交技巧笨拙的原因，也能剖析許多不擅長社交的人為何仍能建立良好人際關係，但當時我並不知道是否有已證實可信、條理分明的理論，可以讓我回答莉蒂亞的問題。

佛州之行過後，我念茲在茲的問題就是，為什麼某些人的社交技巧特別笨拙，他們又該如何因應這愈見複雜的社交世界。我在數百份研究報告當中尋找答案，發現社會學研究指出，當代的社交生活使得更多人感到不自在。每個人都會經歷尷尬時刻，但講究可信度的社會學研究試圖釐清，為何某些人的尷尬時刻並非偶爾，而是常態。

相對於擅長社交、長袖善舞的人，這些「短袖難舞」的人看世界的眼光完全不同。一般人處在人多的空間，自然而然就能正確解讀這是什麼社交場合，可以直覺理解當下的氣氛，並知道是否該採取正式的應對禮儀。相較之下，短袖難舞者通常只能以片段的方式解讀情勢，好似他們的視角縮小了，如聚光燈一般，因此無法一眼看清社交場景的全貌，不過，他們的聚焦視線卻能把特定事物看得格外清晰。

他們的注意力集中在非社會性、多半是結構條理分明的事物，因此他們喜歡數學規則、編碼邏輯，或是電腦遊戲、蒐集物件之類的嗜好，雖然他們比較可能選擇矽谷或物理學，而非行銷或客服，但這類人依然遍佈於各行各業。無論他們的具體興趣為何，都有一個共通之處，就是聚光燈一般的視角，以及對喜歡的事物有旺盛求知慾，因此能看到旁人無法看到的細節，以及這些細節的結構。

他們的內心澎湃，對嗜好念茲在茲，急於深入探索一切，這種驅動力就像學界在高成就者身上觀察到的「追求卓越的狂熱」。心理學家研究人類重大成就，發現高成就者都有類似的心理特質，例如敏銳的注意力、探索特殊問題並尋求解答的高驅動力，以及在專業領域取得專精知識的渴望，舉凡科技、藝術，或娛樂界皆然。這種求知渴望使得科學家堅持在實驗室裡進行重複千百次的實驗程序、芭蕾舞者長時間鍛鍊，只為做到完美的深蹲，還有喜劇演員苦思如何能讓觀眾爆笑，同時不斷雕琢新笑話。

然而，不擅長人際互動的人，對特定興趣的強烈聚焦力也附帶著機會成本，意即他們經常接收不到社交訊號、不懂應對進退的習俗，這些都是一般人可以輕易理解，而且是順利經營社交生活的必備條件。他們的聚焦視角可以說明某些行為模式，包含老是忘記執行例行動作，例如打招呼、一般社交禮儀，或是解讀肢體語言，而且與他人互動時，常陷入自己的思緒，因而顯得心不在焉。他們經由嘗試錯誤去學習「與人互動得剛剛好」的過程中，不免得經歷難受的社交失誤，甚至時而感到孤單。

他們可能認為人際溝通毫無章法可言，因而無法冷靜地預判該如何應對新的社交場合。此時若能採用科學手段，將可有效協助他們理解人與人互動的模式。科學研究旨在解讀複雜現象、梳理資訊，並能預測看似隨機的結果，而這些人擅於發覺細節、解讀細節中的模式，並以系統性的手法面對問題，天生就適合當科學家。

他們從小就有不尋常之舉，例如拆解烤麵包機，想知道它怎麼運作，或追問你鳥兒為什麼知道該飛往南方過冬，又或對油電混合引擎大為著迷，但他們喜歡的不是土司麵包、美麗的鳥兒，或是高速汽車，而是隱藏其中的運行原理。因此，他們培養社交能力的最佳方法，就是以「社交工程師」的模式運作，有條有理地拆解社交行為、檢視每個組件的運作模式，然後以適合自己的方式重新組合，但他們可不會只滿足於研究社交生活的學術成就感，還必須將研究結果落實成為可重複執行、趨近於習性的行為。其中的差異就好比你只在實驗室研究內燃系統，或是能實際製造經久耐用的汽車引擎。

我們身邊有許多自學資源，可以教導你如何提升個人魅力或社交手腕，但這並非社交技巧笨拙之人所需，起碼在一開始並不是。一般常聽到的善意建議是「走出去準沒錯」、「做你自己就對了」，若孩子在學校過得不開心，父母可能會對孩子說：「他們只是嫉妒你罷了。」這些建議對不擅長社交的孩子毫無用處，他們聽了只會想：「我沒辦法應付外面的世界……做自己就是做笨蛋啊……同學怎麼可能嫉妒我有的人際關係？」他們在乎的不是要成為魅力十足或廣受歡迎的人，初期只要知道如何面對一般的社交場合、可以融入學校或職場，他們就很開心了。

對他們來說，一般人提供建議的方式也不是他們用來理解世界的方式，最好是能讓他們在某個距離之外仔細觀察事物。面對複雜問題的時候，他們的習慣是進行拆解、研究各個零件的功能，然後用他們能理解的方式結合還原。

本書針對的讀者是想要窺探不成文社交規矩的社交困難者，例如想了解形成良好第一印象的條件、情緒的功能，以及社交禮節背後的道理。但也可以是長袖善舞者，卻想要了解現代社交生活為何越來越令人不自在；又或者你是「社交卡卡」者的父母、老師、心理輔導師、老闆，甚至是配偶，想知道他們的潛能來自何處，以及該如何協助他們讓天賦發光。雖然這類人有某些共通的心理特徵，但仍有許多差異，他們的笨拙之處各有不同，再加上個人特質，就成為各自不同的笨拙風格。

若能暫時忽略社交彆扭者的笨拙寡言與羞赧，而願意真正去認識他們，多半能發現他們都是好人，只是以不同的方式認識周遭環境。這些人經常告訴我：「我希望大家可以給我一個機會，我覺得他們應該會喜歡我。」這一點與後續將討論的研究結果一致，社交尷尬症者在一般社交應對的困境可能會阻礙旁人瞭解他們，但他們的特質常不外露，卻非常有趣與珍貴。所以，他們若能設法瞭解社交習俗，知道自己為何常對之視而不見，並且能適當表現出自己希望別人看到的特質，必能產生正面助益。

我撰寫此書的目的不是為了替社交內向型的人找藉口，或造成誤解，讓讀者以為不擅長社交的人比旁人差勁。社交、文化的習俗與不成文規則常有其道理所在，某些根深蒂固的社會成見之所以存在，是為了讓每個人獲得公平的機會或受到尊重。我想對有社交障礙的人，或許需要旁人給予多一點的耐心，但他們也必須盡力改善自己的社交能力。

我非常謹慎地以幽默口吻論述這些人的情況，同時也不淡化他們的社交困境。如果我描述的不是自己的情況，便使用假名且加入一些瑣碎細節，有時也混合多人的個性於一，以掩飾並尊重當事人的身分。但我也認為，面對我們製造的尷尬場面，有時不妨幽默一笑。拿自己的社交糗事開個玩笑，可能是出糗與自尊心受損時的最佳解藥。

我很高興看到學界已有許多針對社交技巧匱乏的嚴謹研究結果，但以科學方式進行問題研究，有時不免出現互相衝突的結果，有時則充滿了術語或複雜的統計分析。我必須時時自我提醒，像我這種低人際智商者，很容易就對自己的興趣一頭熱，開始滔滔不絕說些別人不感興趣的枝微末節，所以我盡力以公正的角度濃縮各項理論與研究結果。

我讀過數百份研究報告之後，從中意外發覺某種微妙的模式，藉以一窺我們何以在面對人時會顯得笨拙而侷促不安，又為什麼這樣的心理特質也同時能讓人在某些領域取得卓越成就。透過這些科學性的見解，我希望讀者能跟我一樣意識到，原來罹患「社交尷尬癌」也可以是一種卓越！

史班瑟不喜歡那些溢滿情緒的社交儀式，例如道別，所以，我跟他的父母在前門擁抱話別之後，只是向遠處正在看「湯瑪士小火車」（Thomas the Train）的史班瑟揮揮手，卻見他從沙發上跳起來衝到前門，從側面給我一個笨拙卻熱情的擁抱，還說：「跟你做朋友很棒耶！」

我驅車離去時向他們揮手，等到扎克、莉蒂亞與史班瑟的身影消失後，我的心情混合著哀傷與希望，為了史班瑟必須經歷的社交困境而哀傷，同時也為了他將有一個特殊與美好的未來而懷抱希望。那天搭機回紐約途中，我決定好好研究這些傑出卻笨拙的人，於是打開筆電，寫下主題：「社交囧星人的生存之道」。

第一部

原來，這就是「社交囧星人」！

第一章

你的社交雷達太敏感嗎？

我上研究所之後的第一個發現是：我「幾乎是」正常人。

那是一九九九年秋季，我進入明尼蘇達大學心理學研究所。新生可以選擇做一項嚴謹的心理檢測，以了解自身的個性與興趣。我本以為那是自我探索的趣味遊戲，在測驗完畢的當下卻發現，從鉅細靡遺的檢測結果中，可以看出我有某些不正常的特質，過去我對此不以為意，只因為我傻呼呼地根本不知道它們的存在。

兩週後，信箱出現一個黃色信封，封口寫著「私人信件」。我小心翼翼打開檢測報告，既期待又緊張，就好似正要進入塵封已久的閣樓。報告包含十幾張鐘型圖，顯示我的內向、善良、紀律，以及各種智能的相對落點，每張圖都有一段總結說明，解釋我是否落在「正常功能」範圍，或已經跨入「病理症狀」範圍。

就跟史班瑟的心理檢測結果一樣，我的個人特質與病理指數均未納入病理症狀範圍，但指數並不均衡。例如「善良」、「好奇」指數大幅高於平均，但「耐性」與「紀律」則遠低於平均。我一度想著別人會怎麼看待一個「不耐煩的好人」，或是一個「胡亂好奇的人」。

基本上，報告前幾頁顯示我相對正常，之後卻開始出現不尋常的模式，也就是檢測「社會性的發展」的項目。這部份包含家屬訪談，其中一個問題是：「十二歲以前的泰有什麼是讓你印象深刻的？」家人的答案被檢測師特別圈選出來。訪談當時都是個別進行，但我的每個家人都給了一樣的答案：「泰的媽媽一直提醒他要專心。」

家人們詳述一個不斷重複出現的狀況：倒牛奶。他們說，倒牛奶事件從我很小的時候就開始，持續了很長的時間，長到超乎想像。情景是我坐在餐桌前，馬桶蓋髮型下的棕色眼睛盯著牛奶紙罐，身穿合身套裝的母親站在我後面，一樣專注盯著牛奶罐，以及旁邊的空杯子。然後，我握住牛奶罐，慢慢拿起來，母親開始下指令：「專……心……，專……心……。」她鎮靜地反覆叮嚀，甚至帶有禪一般的韻律，直到……

我的意念與決心在一瞬間鼓動我舉手猛然一倒，就像用力倒番茄醬玻璃瓶那樣，過猛的力道讓牛奶沖倒玻璃杯，杯子滑過桌面，後頭跟著奔流的牛奶。目擊者回想起牛奶慘劇，當時都無言想著：「泰怎麼又來了……。」

母親的指令都還沒結束，絕望的結局已經產生，這時她總是闔眼不動，試圖保持冷靜。母親是整潔優雅的女性，她的優雅對比我的邋塌，總令旁觀者忍俊不禁，只是當下不好明說這有多逗趣，只好趕緊別過頭去，繼續擦洗已經乾淨的碗盤，或是繼續翻炒已經可以上桌的菜。八、九歲的孩子顯然應該可以自己倒牛奶，合理的成功機率起碼在百分之五十以上，但母親總在慘劇發生之後盡可能給予正面評語：「沒關係，泰，我們只要繼續練習就好……」

「練習」是我們家經常出現的用語，特別是關於「生活技能」這件事，而生活技能也是我們家不斷出現的主題。我在日常社交場合總顯得笨手笨腳，父母親對此一向十分寬容，但私底下想必十分擔憂。我年紀越長，生活技能似乎就越屬於「發展遲緩」範圍。他們知道年幼的我還能享有社交豁免權，但一旦進入中學的殘酷社交世界，特權就不復存在了。

儘管如此，在社交之外的領域，我的能力卻超越同儕水準。我常在腦子裡不斷做乘法與除法的數學問題，也輕易就能記住許多冷知識，例如全國棒球聯盟先發投手防禦率。但即便我是個棒球統計數據的行動百科，在參加少年棒球聯盟的時候，卻時常忘記帶棒球手套，也記不得是該輪到我幫大家帶點心與飲料。父母親發現，我年紀越長，同儕在賽後點心時間投向我的詫異眼光就越多。

我在社交上的失足從未導致惡性的結果，大致上只是無傷大雅的錯誤。但是，大約在十歲左右，多數孩子很快就能懂得複雜的社交規矩，開始以這些規矩評判同儕，並以此衡量他人的社交價值。他們開始注意到某個同學在美術課畫的畫很詭異，而且無視五年級生的時尚，老穿犯規的衣服。我的同學都已經進展到更成熟的社交思想，因而使得我原本不顯眼的古怪行徑突然像黑暗中的螢光一樣吸睛。我能感覺到周遭的社交規則已經改變，但我無法完全瞭解，也無力逆轉越來越嚴重的笨拙感。

我的父母親知道，要幫助人際智商較低的孩子經營社交生活，絕無仙丹妙藥。我和許多彷彿「社交大腦」有缺陷的孩子一樣，常是一副脫離現實或頑固的模樣，因此父母不太能了解我，而必須依自己的判斷去想方設法，他們一定也很想傾全力幫助我脫去那副拙樣。不過，我父親是高中教師，母親則是經營學習障礙兒童診所，他們都曾見過不少立意良好的家長與教師為了幫助孩子變得更正常，反而澆熄了孩子的熱情與興趣。

我這樣一個不靈巧、頑固又內向的孩子，讓父母親面對許多特殊的挑戰。他們是很棒的父母，如今回顧當年，我理解到他們決定以大膽的方式因應我的社會化過程。他們為我灌輸的態度一直指引我進行社交互動，直至成年亦然，也就是：「你如何在不失去自我的前提下融入社交圈？」

這個雋永的問題值得每個人深思，也在我寫書之際時時引導我思考該如何幫助讀者減少感到自己個性與這個社會所要求的格格不入的感覺。本書將呈現我從龐大的研究資料中汲取的結論，包含人格特質、臨床心理學、神經科學、發展心理學的天賦研究等領域。本書內容將能讓讀者一窺不擅社交者所擁有的各種怪癖或特殊天賦。為了達到這些目的，我將本書分為三部分：

第一部：探討這類型人面對的狀況，以及能如何尋求指引，藉以經營社交生活。

第二部：探索快速變遷的社交規範，以及現代社交生活何以製造人際關係更嚴重的彆扭和不自在，同時討論該如何調適與因應。

第三部：解釋某些人格特質在造成社交障礙的同時，也有助於達到卓越的成就。

缺乏社交自信的人可能認為別人一出生就領到一本「如何成為社交贏家」的秘笈，這本夢幻手冊必定提供了按部就班的簡易步驟，指引人們悠遊於社交生活，知道如何避免失言窘境，不再因為需要刻意與人裝熟而時時焦慮不已。當然，社交魔杖並不存在，也沒有任何秘笈可以讓你立刻廣受歡迎，但確實有學術研究結果可以幫助我們面對複雜的社交生活。

我們將會發現，問題的答案或許與直覺判斷不符，而且有許多細微的差異，但最終都將拼接成為完整的故事，我將告訴你如何取得你渴望的社交歸屬感，同時也不犧牲「你之所以為你」的特殊性。

人人都需要歸屬感

我在中學時期對一本書留下很深的印象，那就是《蒼蠅王》。我跟同學都很好奇，如果自己跟書中人物一樣被困在孤島上，不知會如何？故事張力部分源自於尋找食物、水及庇護的急迫性，但最令人緊繃的卻是主角雷爾夫必須努力維繫團隊聯盟，以求生存，他必須時時擔憂眾人是否各司其職，並保持對他的忠誠。

人類歷史也充滿了為生存而焦急奮鬥的故事，這些故事對現代人來說，顯得十分遙遠，但就在十八世紀初，西歐的死亡原因仍有高達三分之一是食物或飲水取得困難、營養不良，以及饑荒。全球平均壽命在數千年來都低於四十歲，只在過去兩百年來才越來越長壽。

一九五〇年代，心理學家馬斯洛提出以「需求層次」論述人類的驅動力。馬斯洛認為，以飲食之生理需求最為重要，其他如社交歸屬感與自尊心則屬於次要需求，但近期的研究證據開始挑戰他的假設。一九九五年，社會心理學家鮑邁斯特（Roy Baumeister）與利瑞（Mark Leary）發表一篇論文，名為「歸屬感之重要需求」，他們檢視數百份研究資料，從中探究歸屬感的需求層次，發現人類對良好感情關係的心理需求與飲食的生理需求同樣不可或缺，或者更為重要，有時甚至可以為了滿足人際關係的需求，而放棄滿足生理需求的機會。

乍看之下確實難以想像如飢渴之生理需求可以被社交需求所取代，但曾有數千年之久，人類群體大多是低於五十人的打獵或採集團體，彼此因為生存需求而緊密結合。人類等社會性動物的理念是，個體若願意犧牲短期利益，以眾人認同的方式彼此合作，集結眾力進行食物採集、建立庇護場域或彼此保護，如此帶來的團體利益就長期而言可以大幅提升個人生存機率。組織良好的團體可以做專精的勞力分工，有人務農、有人狩獵、有人照顧孩童，若有非常態的任務，例如收割作物或抵禦外侮，也能在團體中調配人力，因而提高了每一個人可以享用的資源、防護能力，以及生存機率。

因為採取合作態度而獲得的生存利益，再加上心理機制的作用，促使人類彼此建立互利關係。就像渴了要喝水、餓了吃需飯一樣，當歸屬的需求獲得滿足，也會帶來正面情緒。伊利諾大學的迪安納（Ed Deiner）教授以超過三十年的時間研究「快樂」，他與其他學者都發現，在數十種快樂因素中，排名最高的並非工作、收入，或是健身成功，而是令人滿足與愉悅的人際關係。迪安納也發現，即便是在食物充足、均壽高出一倍的富裕國家，歸屬感依然能產生許多益處，人際關係良好的人大多比較健康與長壽。

反過來說，疏離感也最可能造成心理傷害。俄亥俄州立大學醫學院主任季寇珂萊瑟（Janice Kiecolt-Glaser）經過數十年的研究指出，若是處於長期孤單的狀態，罹患免疫功能、心臟相關疾病等嚴重病症的風險將大幅提高。各種風險加成之後，致死率可能提高百分之五十，亦即長期孤單者的壽命平均會短少七年。換個方式說，長期孤單的健康風險與長期吸菸一樣高。

我們不只「想要」，同時也「需要」歸屬於某個社交團體。人類長久以來大多能直接找到歸屬，為求生存，團體幾乎必須接納任何男人、女人，或孩童。個人需要團體，但團體也需要更多的個人，才能達成團體之所以存在的共同目標。

影響力甚鉅的人類學家道格拉斯（Mary Douglas）一九六六年的著作《潔淨與危險》（Purity and Danger）指出，狩獵與採集團體必須建立一套機制，以經常評估各個成員是否在共同目標之下盡責貢獻。團隊之內不容許欲求不滿的個人在旁人忍受飢餓的時候還偷取食物，也無法忍受眾人在共同作戰之際，卻有惡劣份子意欲背叛。個人若無法配合集體目標，就會威脅到所有成員的福祉。

為了預防個人背離集體目標所造成的嚴重後果，人類社會發展出錯綜複雜的互動規則，作為日常社交的指引，也讓成員得以時時評估彼此對團體的忠誠度。你友善問候他人、誠心道歉、不爭先恐後，就等於透過這些日常舉措表示你願意遵守更高階的社會規範。眾人若發現某位成員不遵守常規，便可能生出警戒心，認為此人或將危及團體利益。就像高度敏感的煙霧偵測器，只要感應到一絲煙霧就警鈴大做，團隊中人也認為，只要有人稍稍背離社交常規，就該升高警戒。

現代社會依然持續以細微的社交規矩評量他人的社交價值。事實上，因為現在人們常須與陌生人互動，這些社交小細節更成為我們倚賴的依據。例如美國有百分之八十的人口聚集在都會區，都市居民動輒數千或數百萬，你無從得知每個人的名聲，因此，現代都會人經常需要評估陌生人是否可信，包含在職場、公共運輸系統，或是網路交友平台等。

數千份社會心理學研究報告指出，人們只在分秒之間接收他人的衣著風格、衛生習慣、眼神接觸等訊息，就立刻決定是接受或拒絕對方進入自己的社交團體。

這些社交規矩與從中衍生的判斷看似龐雜，但多數人都能符合大部分的社交規矩。例如，你兩天內有洗澡、今天有刷牙、身穿無異味的襯衫，你就已經符合個人衛生要求的前三項。即便是內向、害羞、拙於言辭的人，也大多能符合數以百計的日常社交規則。當我們背離社交規則，甚至只是覺得自己即將犯規，就會清楚感覺到自己的模樣很笨拙。

大家都瞭解第一印象的重要性，但社會心理學與人格心理學家仍產製數百份研究報告，指出人際互動的前五分鐘有多麼重要。我們是否喜歡對方可能就在初見面的前十秒決定，判斷因素包含個人衛生、姿態、目光接觸、說話語調等。雖然第一印象也能在後來改變，但壞印象很可能扼殺繼續瞭解對方的機會，或造成你認為對方討人厭或不值得信任的偏見。

因此，是否符合日常社交的規則，很可能決定我們能否融入社會。笨手笨腳的行徑通常無傷大雅，缺乏時尚感或拉鍊忘了拉並不會出人命，但別人卻可能產生戒心，覺得此人或許「非我族類」。只依據幾分鐘的互動就下判斷，似乎不公平，甚至不理性，但人類數千年以來都是如此經營社交生活，未來大致上也不會改變。

不擅處理人際互動的我們可能覺得這一切都令人無法招架，但其實不盡然，我們該釐清的問題並非：「我為什麼天生不擅長社交？」既然社交內向者常也具備剖析複雜問題的能力，何不自問：「我為什麼會製造令人尷尬的狀況？」

評量他人社交價值的前三大因素

狀況一：線上交友族群最重視：

1. 牙齒整潔（65％）
2. 言談使用正確文法（62％）

3. 衣著光鮮（52%）

狀況二：雇主最重視：

1. 態度積極正面
2. 溝通技巧良好
3. 具備團隊精神

線上交友資料出自Match.com/USA Today調查報告，受訪者為五千名單身人士。雇主偏好資料出自名為「跨世代謀職」的調查，受訪者為三千名人力資源主管。

每個人都可能出糗

我小時候有個壞習慣，常在門口駐足不前，就像身陷繁忙十字路口的小狗，因為不知所措而無法動彈。每次走進某個大門之前，我總想著進屋後可能會遭遇什麼樣的社交狀況。這些即將發生的人際互動總讓我惶恐，不自覺就想先落跑，但也自知必須克服心中的忐忑。社交焦慮者經常出現這種狀態。即將到來的社交壓力並不曾導致我轉頭離開，但我也無法突破恐懼，結果就是動彈不得。

一般孩童多半擁有能應付日常社交的天性，例如生日派對或聚餐，但我的父母親卻必須反覆引導我練習尋常的社交互動。我都十幾歲了，父母親還必須提醒我跟別人說話要看著對方眼睛、記得與教練握手，或是剛抵達時要跟在場的人打招呼。因為我缺乏社交直覺，必須把人際互動當成學科一樣研究，其中也包含死記硬背。出席社交活動之前，父母親常以問答式的教學方法讓我瞭解應該做些什麼，只是一旦到了現場，一種類似應考的緊張情緒就讓我的腦袋一片空白，忘了先前硬生生記住的社交規矩。

父母親意識到必須另謀策略，決定將步驟簡化，提出一個他們稱為「前三步」的策略，也就是在社交互動即將發生之前，他們不再幫我複習所有該記得的社交規矩，只提醒我一開始會碰到的三個狀況，目標是讓我成為「兩分鐘社交專家」，我若能成功執行一般的初步寒暄，就能降低焦慮感，因此比較可能順利掌握後續的社交節奏。

例如，在抵達生日派對現場之前，爸媽會先幫我複習打招呼的前三個步驟。第一，看著對方的眼睛，而非自己的鞋子。第二，堅定的握手。第三，用自信的語氣說：「嗨！

你好嗎？」這些三步組合最終將成為自動反應，也就是從問候前三步帶出後續的三步策略，一旦我做到前三步，就能轉移到另一套符合社交規矩的三步，例如每八至十二秒就暫時把視線從對方眼睛移開一下，或是問候對方這星期過得怎樣，然後根據他們的回答繼續追問為什麼過得好或不好。

我們可以將「前三步」想像成等邊三角形，每個尖角就代表一個社交規矩，我的目標就是設法讓自己的社交行為達到三角形之中的三個期望。人際互動的最初幾秒鐘通常包含雙方四目相交，接著是彼此道好、握手或擁抱的問候過程。人格心理學家發現，彼此陌生的雙方就在這幾秒之間形成對彼此的判斷。

舉個例子，心理學家諾曼（Laura Naumann）的研究團隊曾進行一項調查，讓受訪者只依據某人的全身照片（亦即非語言訊息）判斷是否對此人有好感，結果發現受訪者重視的社交訊息十分相似，例如充滿活力的姿態，或是面帶笑容。在另一項調查中，心理學教授拜克（Mitja Back）的研究團隊請教室中的某些同學起身自我介紹，然後請受訪者私下評分，最後發現受訪者重視的都是友善的說話語氣，或是透露自信的非語言訊息，依據這些共通標準評定好感度。

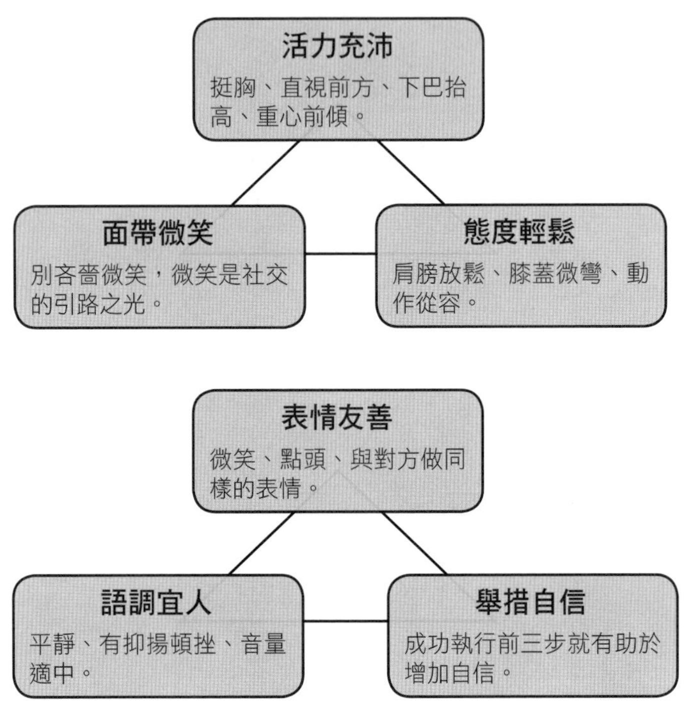

形成第一印象的「前三步」與「次三步」。上方的三角形代表的是讓一般人產生好感的視覺訊息。下方的三角形則是陌生人彼此自我介紹時，用來判斷好感度的訊息。

我們出糗的時候，其實常已符合多數社交規矩，只是錯漏了一、兩個小地方。例如，你很友善地與對方道好、微笑，然後帶著自信握手，卻發現你剛剛洗過的手還沒乾，這個小瑕疵就造成當下的糗態。如果你完全不遵守社交規矩，例如出言冒犯他人、面無表情、眼睛看地上，那麼別人不會覺得你是社交笨拙，而是認為你傲慢，或是有嚴重的心理問題。

只要某些細節被忽略就可能出糗，即便是長袖善舞的人也會有這種時候。忘了拉上拉鍊或牙齒黏著菜渣並不會對你或任何人造成人身威脅，卻是你脫離社會規範的小徵兆。別人可能拿這些小出槌當材料，對你做更廣泛的判斷，或藉以評定你的社交價值，因此這些出糗的狀況才會引起我們強烈的情緒反應。具備良好社交技巧的人不會因為出糗就影響到他們在團體中的歸屬，但是，天性不擅社交的人卻會覺得每一次的差錯都可能累積起來，造成嚴重後果。

天生具有社交力的人能夠以直覺經營社交生活，就像在熟悉的路線開車一樣，腦中輕易就有整個區域的地圖，知道如何以最快速度從甲地到乙地，也知道如何走捷徑避開塞車。而缺乏社交自信的人走在社交道路上，就好似在陌生都市裡穿梭，覺得從甲地通往乙地的途中很可能不斷轉錯彎，或是通過減速路障的時候速度太快，又或是不知道路上有坑洞而不慎落入，狀況糟糕的時候，甚至可能覺得自己在繁忙喧囂的社交世界裡完全迷路了。

雖然每個人都會凸槌，但出糗是一回事，本身就是個「糗」又是另一回事。不具溝通能力的人，他們出糗的狀況之多，很可能累積到足以威脅社交歸屬感的程度。

缺乏人際智商的社交怪胎與書呆子

我進入青春期之後，看到某些同儕能夠直覺理解八〇年代的流行文化，儼然是酷哥酷姊。熱愛重金屬音樂的人被稱為stoner（迷幻一族），喜歡把Polo衫的領子立起來的孩子稱為preppie（好命的），對足球有興趣的則稱為jock（運動好手），這些都是眾人渴望得到的社交標籤，而等同是被宣判社交死刑的標籤則是nerd（書呆子）。

書呆子對艱澀學問極感興趣，例如數學、「龍與地下城」桌遊，或是豎笛。但他們很快就發現自己對特殊興趣這樣一頭熱，完全無助於提升自己受歡迎的程度，也會造成他們無心關切時尚潮流或社交程度，書呆子的身分讓他們變得古怪、格格不入，導致別人產生疑慮，而疑慮就是結交新朋友的障礙。

從詞源學來解釋，nerd起初並非青少年用語，而是出自於蘇斯博士（Dr. Seuss）一九五〇年的書《如果我來管理動物園》（If I Ran the Zoo），其中描寫了一種滑稽不討喜的動物，稱為nerd。至於geek（怪胎）一詞，原本是指狂歡節期間串場演出的怪物，以怪異行為著名。一九八五年，美國導演約翰・休斯的電影《早餐俱樂部》（The Breakfast Club）出現了許多用語，例如weirdoes（怪物）、brains（天才），以及basket cases（神經病，原指被拘留於療養院製作籃子營生的精神病患者）。一九九四年的電影《辣妹過招》（Mean Girls）又刷新一批社會邊緣人的稱呼，包含burnouts（毒蟲）、desperate wannabes（跟屁蟲），以及Mathletes（數學天才）。雖然geek與nerd一開始是罵人的話，卻逐漸演變，有時也有正面意義，就好似怪胎與書呆子們拿回命名所有權，在社交世界驕傲擁抱自己的異類身分。

二〇一一年awkward（笨拙）成為社交怪咖的當紅形容詞。在Google搜尋「我為什麼awkward」的人數在二〇一一年達到高峰，過去五年以來也也維持在相同水準，大家對awkward一詞的興趣突然增加，這或許反應了awkward進入流行趨勢，但也可能因為更多人在社交上感覺到自己的笨拙，因此想知道原因。

現在當個nerd似乎有點酷，不知為何，大家非常喜歡電視裡的傻氣笨拙角色，例如《宅男行不行》的物理學家，或是《女孩我最大》影集的千禧世代性愛場景。《星際大戰七部曲：原力覺醒》於二〇一六年首映之際，粉絲驕傲的把cosplay（角色扮演）照片貼在社群媒體，主題標籤也是相當有自覺性的「#笨拙」，或是「#不能停#不想停」。

雖然我認為缺乏人際智商的人逐漸擁有更多空間可以盡情享受他們的特殊興趣，但他們依然必須面對許多嚴峻挑戰。出糗有時雖然十分爆笑，把場面弄得尷尬卻可能阻礙他們進入社交世界，這種孤身在窗外看著一屋子熱鬧的感覺，恐怕最不好受。

《美國傳統英語字典》對awkward的定義是「缺乏技巧或從容態度」。這個字緣起於古北歐語afgr，意思是「面向錯誤的道路」。awkward是關於某些人的特質，而afgr則是指某些人如何理解社交世界，或是如何在其中活動。

相較於青少年形容同儕的其他用語，awkward算是好用又相對溫和，只是這群不擅社交的人已經知道自己看世界的角度與他人不同，他們需要指引，讓他們知道如何以多數人的視角看世界。後續章節將討論眾多以人際關係為題的研究，探索大眾社交語言背後的道理。雖然這些社交尷尬或人際過敏者隱約已有自覺，卻不見得知道自己看世界的角度為什麼、如何與他人不同。

afgr 一字的意象恰好讓我們從功能的角度去定義「社交困難」，它暗指這類人面向了錯誤道路，但我希望換個方式來解讀，我認為他們只是把視線停留在其他地方。

問題是，他們到底看到了什麼？

如果你看世界的角度跟別人不一樣

請想像你置身百老匯劇院，觀眾席坐滿了前來欣賞「獅子王」歌舞劇的人。劇場燈光暗下來，節奏聲響起，如朝陽般的琥珀色光暈灑滿舞台，幾十個演員各自操作實際大小的動物模型，四個人操作一隻大象、兩個人操作一隻長頸鹿、一個人操作一隻獅子。歌舞劇第一幕是非常壯觀的場面，幾十隻動物環繞舞台中心遊走，最後獅子王從舞台中心出場。所有角色以協調的舞步，逐漸融合成為整體畫面。

卡！再來一次。

這一次，劇場燈光同樣暗下來，節奏聲同樣響起，但不是琥珀色的光線照遍整個舞台，而是一具白色聚光燈打在舞台右邊，任何進入白色強光範圍的物體立刻變得線條銳利、影像清晰。同一齣歌舞劇、同一首歌、同樣的協調舞步，卻是迥異的體驗。這次觀眾看到一隻長頸鹿緩緩步入聚光燈下，然後又消失在舞台中央，大象的屁股在燈下清晰可見，象頭卻隱藏在聚光燈外的昏暗之中。

觀眾知道整個舞台都有戲，只因為明暗的差異讓他們無法看到歌舞劇全貌。如果你看的是第二個聚光燈版本，你的視線很可能只跟著聚光燈走，也就是說，你大致上就是會錯過在舞台中央上演的重要情節，卻能看到經由聚光燈凸顯出來的清晰影像，所以能欣賞動物模型的美麗細節，發現女演員額頭左邊留下一滴汗水，或是她在觀眾鼓掌時，嘴角微微揚起。你應該把注意力轉移到舞台他處才是，卻因為光線昏暗，看得非常辛苦，要不了多久就再也無力得知舞台昏暗處上演的情節。

想像某些人觀賞的是聚光燈版的獅子王，他們會怎麼描述劇情呢？他們或許對劇情有大致上的理解，但相較於看到舞台全景的觀眾，他們因為體驗方式不同，所描述的劇情恐怕也不太一樣。第一個全景版的觀眾對全劇有完整的體驗，第二版的觀眾則對舞台右邊的景象有非常深入的了解，只是錯失了聚光燈外的重要資訊。

有社交障礙的人，差不多就是利用這樣的方式，以聚焦視線面對這個遼闊的世界，不自覺就把聚光燈一般的注意力放在世界的某個角落，因此造成狹窄卻強烈的聚焦結果，這種現象類似研究員哈波（Francesca Happe）與佛瑞斯（Uta Frith）所稱的「局部處理」，意指某些人見樹不見林的狹窄注意力，因此他們的社交語彙常顯得片段或不完整。哈波與佛瑞斯等人發現，人際互動能力較低者，比其他人更容易以細節導向的方式處理資訊，時而因此無法看到事情的全貌。

這類型的人狹窄又強烈聚焦的視線經常落在不是一般人直覺會注意的地方。例如，導演通常將角色的重要互動放在舞台中央，或在舞台中央開啟某個場景。導演有時也會從左邊開演，因為他們知道，習慣從左至右閱讀的人也會期望舞台動作從左邊開始，然後往右移動。多數人在開幕之際，自然而然就知道該看舞台中央或左方，相較之下，缺乏人際智商者的視線卻指向舞台他處，因為他們聚光燈式的注意力常落在較不尋常的地方。

當其他觀眾正看著獅子王辛巴隆重出場，社交內向的人嘖嘖稱奇的則是舞台右邊長頸鹿模型的機關，或是樂池裡的大提琴手激烈的演奏風格。雖然他們忽略了落在聚光燈範圍內的重要社交資訊，但他們的視野極明亮，因此能細微、深入理解他人忽視的事物，這部份的事物以無比清晰的樣貌呈現於他們的視野之內，於是他們對右邊舞台知悉甚詳，也能以清晰又聚焦的視線鎖定感興趣的事物，因而對所見之物產生了特殊的見解。

這類人的特殊視野時而具有很高的趣味或創意，他們通常無法預測社交互動的結果，因此視之為魔術一般。因為他們無法立刻擷取社交資訊，常在路到中途才知道方向，因此有人會形容他們如孩子一般對事物充滿驚奇，常以天真的眼光看待多數成人都懂得的社交因果。

我們可以理解他們較難注意到聚光燈投射範圍之外的舞台昏暗處。社交高手憑直覺就能理解社交場合全貌，而高敏感內向一族則必須刻意為之，才能理解別人的意圖，並且設法做出適當反應。我在畢業前的實習期間，曾在一位輔導對象身上看到相對於直覺反應這種刻意而努力的理解過程。他是優秀的化學工程博士，社交手腕十分笨拙。他談到某次遇見心儀對象，卻沒處理好當時的狀況，我問了一個天真的蠢問題：「你覺得，你為什麼沒辦法理解這些社交規矩？」他回嘴反問道：「你覺得，你為什麼沒辦法理解高等有機化學？」他說得有道理，而且一針見血。

我十二歲時，倒牛奶意外頻率驟減，是因為一位阿姨發現我的眼睛沒有看著杯子。

包含我母親在內的其他人，每每都專注看著杯子，好似希望透過心電感應的力量阻止杯子被打翻，唯獨我的聚焦視線偏離中心，鎖定在我手上的牛奶罐。

我一心一意希望達成的目標是儘快把牛奶從罐子倒出來，倒進杯子裡，卻沒有理解到罐子與杯子之間的關係，因為太專注在罐子與我要的「結果」，因而忽視了「過程」。同樣地，我也可能太過專注於吃晚餐或打棒球，因而忽略了晚餐也是社交時間，而打棒球則是讓孩子們享受彼此的陪伴。

從行為基因與腦部影像的研究可知，不擅長社交者的狹窄注意力是來自神經系統的本性，就像體重範圍或跑步速度一樣，屬於可遺傳的體質。其中的利弊得失在於：一般人利用聚焦式注意力便可輕易理解的社交規則，對他們來說卻是障礙；但他們也有能力將聚光燈照亮的事物看得鉅細靡遺，很容易就能全心投入有興趣的領域，並且因為瞭解領域內的所有細節而得到很大的滿足感。他們對這個世界的狹窄注意力其實有非常正面的意義。

他們該做的是學習如何調整聚光燈的投射範圍，並將焦點轉到天性所預設的範圍之外。他們必須刻意努力，並且願意將注意力聚焦於讓社交流利的因素，才可能釐清到底該如何達成社交目標，獲得他們需要的歸屬感。所幸只要他們能將專注力用於拆解人際互動的組成元素，再透過系統性的方法理解其結構，最後形成他們因應社交生活的方式，甚至能夠利用他們的專注力，以有系統的方式一次同時落實三項社交規則。

以下章節的出糗案例有時帶有趣味，有時令人心疼，但都是激勵人心的故事與見解，讓缺乏社交自信的人知道如何接受自己的怪癖，並且善用他們龐大的潛能。

第二章

與世界格格不入的孤單

我即將升中學的暑假，開始擬定達成社交目標的策略，我知道複雜的七年級校園生活即將考驗我的社交技巧，因此我採取主動，思考該如何迎接即將到來的挑戰。我也跟同儕一樣擔心該穿什麼、午餐時該跟誰坐同一桌、第一次參加舞會不知是什麼狀況，雖然都是正常的社交焦慮，但我對準備工作的思考方式卻不算正常。經過心中一番考量，我的結論是，社交生活能否成功，取決於我是否能夠塑造一個更成熟、更專業的形象。

我不太確定自己為何認為達到中學社交生活的目標取決於成熟度與專業度，可能是以下兩個因素促使我得出這個結論。我或許歸納得過頭了，但當時父母親反覆警醒我必須以成熟的態度拒絕毒品、酒精等罪惡，還有我當時最喜歡的電視人物是《天才家庭》影集的基頓（Alex P. Keaton），這個少年的穿著和舉止就像個四十歲的股票經理人一樣。

我以為成人裝扮就是最佳策略，這種想法導致了幾項戰術失誤。我在開學日穿上燙平的粉藍牛津衫、俐落的打褶卡其褲，戴一副方正的銀框大眼鏡，有點像祖父母戴的雙焦眼鏡。我若是年過六十的會計師，這身打扮絕對時髦無比。

我跟許多不擅交際的孩子一樣，個性內向，甚至孤僻，很少讓父母或任何人知道我在想什麼。我猜想當時爸媽看到我的打扮，心中便開始掙扎要不要就我的時尚品味跟我打一仗。但家長們總須留意別過度干涉，而這類的孩子尤其不喜歡被干涉。我的穿著還不到令人髮指的地步，而且只差一點點就能符合八〇年代初期的潮流。如果我沒燙襯衫、沒把襯衫塞進褲頭，就沒事了，但這些細微的失誤，再加上那副類雙焦鏡片，我立刻被打入怪胎的冷宮裡。

媽媽開著棕色奧斯摩比旅行車載我到朗斯峰中學，車子穿梭在校園蜿蜒的道路時，我就明顯感覺到自己的時尚風格與新同學們相去甚遠，他們穿的是洗舊的黑色牛仔褲，反摺到膝蓋以上，黑色潮牌T恤是撒旦餵蝙蝠喝血的圖像，戴的是金框飛行員眼鏡，就是湯姆克魯斯在《捍衛戰士》戴的那種。我們抵達大樓門口之際，看著眾多潮流先鋒興奮地聊天，一片熱鬧的社交場景讓車裡的媽媽和我同時倒抽一口冷氣。

我打開車門的瞬間突然很想擁有隱身的超能力，努力讓自己五呎九吋的身形盡量縮小，這才想到幾個重要問題：我該跟誰說話？我的眼鏡為什麼這麼大？為什麼沒有人穿燙過的牛津衫？我的自思自忖突然被打斷，一群國小同學喊我的名字，他們是聚在旗桿旁邊的艾德、威爾、山姆，都是有禮貌又用功的模範生，能加入他們讓我鬆了一口氣。無論從哪個角度看，我們都不是酷男，但我們都慶幸自己沒有落單。

經過幾天，我們這幾個邊緣人發現，中學生在下課時間不玩抓鬼、攻峰等等六年級生愛玩的遊戲，我們討論了這些現象，最後認定中學文化實在太差勁。大家只是站在一起討論新潮的東西，例如新電視頻道MTV或是麥可傑克森的「顫慄」（Thriller）專輯的特效，這算什麼下課活動呢？威爾（他的身材如伐木工人一般，被我們當成領袖）於是下決心，即便別人都自以為太酷而不玩遊戲，我們還是照玩不誤。經過一番思量，我們決定玩一個六年級時代的下課遊戲：重現世界摔角聯盟比賽的摔角遊戲。

作者在七年級的照片。

足球場南邊的草皮是理想場地，射門區的框線可以當做邊界，南框線有一片上鍊的柵欄可以當做摔角場的繩索牆。威爾要扮演霍克霍肯，艾德選的角色是蘭迪沙瓦吉，山姆是鋼鐵酋長，為了符合這種有歧視意味的種族典型，我選擇扮演富士先生，摔角聯盟唯一的日本摔角手。

那個星期五的摔角遊戲有點像即興表演，我們的默契是讓每個攻擊行動都有個精采情節。例如，對手若掐住你的咽喉，你應該讓動作延續八秒鐘，才能用手指耙對方的臉，之後通常還要來個摺倒的動作。如果場面顯得無聊，不妨就戲劇性地把對手推往圍欄，從圍欄彈回來的場面最精采，有一種美妙的節奏。你把對手拋到圍欄中央，看著他彈一下，飛回來，然後你伸長手，假裝把他吊起來晾乾，給他個響亮的句點。

喧囂的鬧劇進行到一半時，我暫停下來擦擦額頭的汗，推推我小巧鼻樑上的銀框眼鏡，卻突然清楚地意識到，沒有任何一個同學加入我們的遊戲。我想這應該也不意外，事實上，所有人都跟我們的摔角鬧劇保持一段安全距離，顯然都忙著用更高尚的方式進行人際互動，其中幾個人看著我們，表情混合了驚奇與錯愕。當我意識到這一切，胃向下一沉，胸口一陣恐慌，這才知道模仿摔角聯盟賽有多麼幼稚。

就在我洞悉一切的瞬間，霍克霍肯緊緊抓住富士先生的前臂，就像奧林匹克選手準備擲鏈球的準備動作一樣，他開始抓著我畫圓圈，準備把我掄向鐵鍊柵欄，然後再撂倒我。霍克霍肯逐漸加速，我也愈來愈恐懼數以百計的同學不知會怎麼看待我們的幼稚行徑。我的恐懼沒有持續太久，霍克霍肯撒手拋出富士先生，但他計算的軌道出了點錯誤，這個小失誤讓富士先生一頭撞上柵欄的鐵柱。

我恢復意識的時候，模模糊糊看到人群逐漸聚集過來，我摸摸身邊的草皮，尋找失散的眼鏡，卻一直摸不到眼鏡，雙手的動作逐漸慌張起來。然後，一個身材魁武的男人出現了，就像摔角聯盟的巨人安德烈，只是老了點、還穿著薄外套。足球校隊的司丹森教練撥開圍觀人群，踉蹌的腳步停在我身邊，蹲下的時候，老化的膝蓋發出喀啦聲，他的視線穿過他的銀框雙焦大鏡片下緣看了我一會，然後幫我拾起銀框大眼鏡，溫柔地為我戴上。

司丹森教練在校內是備受尊敬的長輩，在摔角聯盟鬧劇之前，我們從沒說過話，但他認識我父親，大約一直就從遠處盯著我瞧。他對圍觀的人吼道：「這裡沒什麼好看的！」等到群眾散去，我設法坐了起來，他用力抓著我的肩膀，直視我的雙眼，用克制的語氣說：「孩子啊！你得慢一點，你得看清楚周圍環境，把事情弄清楚，別挖洞給自己跳！先去護理室吧！你可能有腦震盪。」

我坐在護理室的綠塑膠沙發上，一邊冰敷前額撞傷的地方，一邊回答護士的問題：我的名字、住在哪裡等等檢測腦震盪的問題，同時我的心思正瘋狂搜索另一個問題的答案。「我怎麼沒發現模仿摔角賽是這麼蠢的行為？」

亞斯伯格「古怪、易激動」的人格特質

亞斯伯格（Hans Asperger）從小就沈默寡言，同儕都說他總是離大家遠遠的，傳記家說他基本上很孤僻，從小就只愛獨處，沈溺在非社會性的嗜好，不願面對棘手的社交互動。他雖然是個笨手笨腳的孩子，卻經常獨自在奧地利山區長時間健走，語文能力早熟，非常喜愛奧地利詩人格里帕策（Franz Grillparzer）的作品，這些虛無的詩作大多是關於政治迫害與死亡。在極少的狀況下，亞斯伯格也曾與他人分享自己的嗜好，興致高昂的朗誦格里帕策的恐怖詩句，但他的小學同學只聽得一臉茫然。

亞斯伯格異常的社交行為，以及對語文的極度熱衷，造成他很難跟同齡孩子交朋友，即便成人之後，也依然很難與人建立情感聯繫。他是個多產的精神病學研究者，工作上必定有大量的閱讀，但閒暇時刻多半仍繼續閱讀文學或人文書籍。女兒說他把自己摒除

在家庭生活之外，說他老愛對家人朗誦長篇詩作的模樣「既古怪又激動」。

一九四四年，亞斯伯格發表他最為著名的精神病學研究報告，報告中的四個男孩的症狀包含缺乏同理心、無法直視他人眼睛，以及上癮似地、狹隘地專注於特異的嗜好。亞斯伯格形容這些男孩時，首次提出「自閉式精神異常」的用語。此外，約翰霍普金斯大學的精神病學家卡納（Leon Kanner）在一九四三年發表的個案研究報告也有類似的觀察結果，他形容接受研究的十一位男孩的個性異常退縮內向，經常重複出現有如儀式般的動作。「自閉症」（Autism）聽來十分負面，字源是希臘文autos（自我），讓人聯想到的意象是在社交活動中獨自一人遠離人群。亞斯伯格與卡納對自閉式精神異常者的形容主要是：一、對社交活動缺乏興趣，二、缺乏同理心，三、執拗追求「千篇一律」。美國精神醫學學會在一九八〇年第三版《精神疾病診斷與統計手冊》就是以這三種症狀為基礎，發表自閉症的正式診斷，第四版手冊則加入「亞斯伯格症候群」。

自閉症與亞斯伯格症候群的患者都缺乏社交與溝通能力，症狀包含與人應答互動的障礙、無法解讀語言之外的行為，以及難以理解並建立人際關係。重複式的行為包含不允許彈性變化的日常行程，對看到、聽到、觸摸到的事物有太少或太多的反應，以及範圍狹小、興致強烈的嗜好。

自閉症能夠確立診斷之後，對自閉症的判斷與治療都有重大影響，也促成教育體系的調整、相關社會服務的出現，以及精神疾病的保險給付，這些都能幫助患者面對堪稱嚴重、甚至讓人精神耗弱的自閉症。不過，診斷的過程也必須非常謹慎。

診斷的同時必須兼顧謹慎，臨床醫師的方法之一就是一套稱為「五規則」的方法，他們詢問患者有什麼困擾，在患者描述症狀的時候，學過五規則的臨床醫師便根據患者症狀歸納出五個最可能的診斷。光是因為必須廣泛列舉各種可能原因，便可避免臨床醫師直接採用他們第一個想到的原因，也能提醒醫師同時考量可診斷與不可診斷的原因。某些症狀或許代表嚴重疾病，也或許只是異於常人的怪癖。

亞斯伯格是否罹患了以他為名的疾病，我們不得而知，也不知他是否在接受研究的四個男孩身上看到自己的影子。男孩們異常的社交行為、與他人溝通的困難，以及過度投入的興趣，都同樣可以用來描述亞斯伯格本人。

雖然亞斯伯格的某些症狀符合亞斯伯格症候群的診斷，卻也有證據指出他無法被診斷為自閉症。診斷與統計手冊所列的多數病症（包含自閉症）都對患者的生命有嚴重、有害的影響，症狀必須損及工作與人際關係，或導致法律問題，才可確立診斷。而亞斯伯格的學術成就非凡、不曾入獄、有婚姻，而且與某些同事建立良好工作關係，是否足以被診斷為以他命名的疾病，又或者應該以其他方式來描述，恐怕還是個問題。

社交技巧匱乏≠自閉症

小兒科醫師辦公室的手冊以及美國知名作家茱蒂・布倫（Judy Blume）的著作都告訴我，中學時期是所有人的社交障礙期，但我感覺自己肯定是屬於高端層級的程度。我知道司丹森教練說得沒錯，也很感激他的直言。他當時若只是依照一般人的作法，大概只會安慰我別因而太自卑。在一九八〇年代，因為大量的自助書籍與談話性節目的那些心靈大師，自我尊重蔚為風潮，大家認為強化孩子的自信心可以讓他們有更好的學業成績、不碰毒品，也能降低孤單感。然而，教練與其他大人若只是在我受損的自尊心上面貼個膠帶，反而掩蓋了更嚴重的問題。即便在前往護理室之前，我自己都已經意識到我不需要強化自信心，而是應該培養社交技巧，並且學習如何疏導我異於常人的興趣。

摔角聯盟慘劇過後，我開始懷疑自己是否從根本上就有毛病，像我這樣搞不懂怎麼處理社交生活的人到底有什麼問題。當時我並沒有任何精神病學診斷的知識，但現在可以從我當時的狀況推測醫師的診斷。若有醫師為七年級的我撰寫臨床報告，或許就是以下的內容：

「患者製作了一本資料夾，其中有各種排行榜，包含從防禦率與勝負記錄計算出前十大棒球投手。患者異常堅持精準執行每日行程，週二早上六點四十五分起床看清潔工收垃圾，週一至週五下午三點三十分至五點三十分的這段時間保留給一套籃球練習程序，筆記本列舉了每個項目該練習多久。週日晚餐後依據週日報紙繪製幾支股票的走勢圖。上述例行活動若被打亂，即導致患者心理的嚴重苦惱。」

我的行為肯定不屬於正常範圍，但我究竟只是比較特殊，或是應該給我一個診斷？如果將「五規則」應用於我的案例，臨床醫師或許會斟酌五個可能性：高功能自閉症、社交焦慮、內向、人格障礙、社交障礙。

這類診斷的差異有時會產生混淆，包含重度憂鬱症、藥物濫用、社交恐懼症、自閉症等，在「診斷與統計手冊」的數百種診斷都有明確分類，也就是說你或者有病、又或者沒病，但自閉症表徵並不只侷限於那百分之一的自閉症患者，也極可能出現在鐘型曲線圖中段部位的正常人。

劍橋大學自閉症研究中心主任拜倫柯恩（Simon Baron-Cohen）是自閉症研究的領袖，他與同僚在二〇〇一年發表於《自閉症與發展障礙症期刊》的論文提出研究報告，這一系列的研究旨在確認自閉表徵，也就是「自閉症光譜量表」，量表包含五十個項目，可評估自閉症患者五個共通的表徵：社交技巧匱乏、溝通困難、講究細節、難以轉移注意力、活躍的想像。自閉症光譜量表的計分可以從〇分（無自閉症表徵）到五十分（所有表徵均出現）。

拜倫柯恩與同僚將量表應用於兩組對象，一組是自閉症患者，包含亞斯伯格症候群與高功能自閉症患者，另一組是一百七十四位一般人的對照組。第一個有趣的研究結果是，對照組的平均分數並非〇分，而是十六分，顯示一般人的社交生活也有某些困難。相較之下，自閉症患者組的平均分數是三十五分，約是對照組的兩倍。拜倫柯恩發現，判定是否罹患自閉症的切分點落在三十二分。

一般人組的自閉症表徵分布圖是鐘形曲線，意即某些人的分數遠高於平均值。二十四至三十一分的人大約落在八十五至九十八百分位，已大幅高過平均，介於平均值十六分

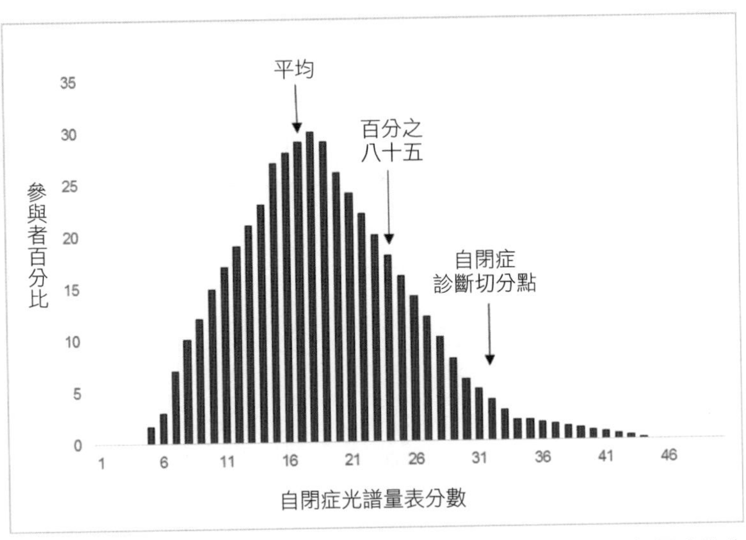

一般人自閉症表徵的分布圖。橫軸是自閉症表徵數量，縱軸是每個分數的參與者百分比。資料來源：拜倫柯恩研究團隊二〇〇一年發表於「自閉症與發展障礙症期刊」之研究報告。

到可確診的三十二分之間。那麼，這些沒有自閉症，但缺乏社交與溝通技巧、常過度專注的人，該怎麼形容他們呢？就是「社交囧星人」（awkward）。

自閉症與社交囧星人的關係也點出臨床心理學與精神病學一個更廣泛的概念：心理正常的人也可能有病況嚴重者的某些表徵，只是較輕微。就像心情不好不見得能被診斷為重型憂鬱症，潔癖不見得是強迫症，同樣的道理，缺乏社交能力的人也不盡然都有自閉症。

社交技巧匱乏與自閉症之間並

不只有語義差異，甚至必須視之為兩回事。在自閉症診斷標準下的社交能力缺陷與重複行為的嚴重性，都大幅超越社交尷尬症的社交技巧不足與過度的專注性。輕度至重度自閉症患者當中，約百分之五十有智能障礙，很大比例都無法獨自過成人生活。自閉症孩童的行為可能包含對果汁機或吸塵器的聲響產生劇烈反應，或是有嚴重的語言障礙。照顧者每每希望與自閉症孩童建立感情，卻因為孩子缺乏社交與溝通能力，讓照顧者覺得碰觸不到他們的內心。

就社會層面而言，學校或社區的心理健康預算畢竟有限，自閉症診斷太輕忽或太積極，都可能造成資源分配不足。臨床醫師若強行將不擅交際者診斷為自閉症，錯誤的診斷將導致醫療或教育系統的介入，最後反而造成傷害。

當我回顧自己幼年的狀況，發現我的社交困境並不適合以高功能自閉症或亞斯伯格症候群來描述，我曾私下運用自閉症光譜量表請家人就記憶所及為七年級的我評分，所得分數不足以跨過高功能自閉症或亞斯伯格症候群的診斷門檻，不過也明顯高於一般人的平均值。

測量你的社交技巧匱乏之度

與常人相較，以下描述是否符合你一般的狀況？

評分方式

極罕見：10分　不常見：20分　普通：50分　頻繁：80分　幾乎總是如此：90分

題目

1. 我有社交技巧方面的困擾。
2. 我缺乏日常行為的常識。
3. 我身處新的社交環境會不知所措。
4. 我不瞭解別人在想什麼。
5. 我容易說錯話。
6. 我不懂別人想傳達的重點是什麼。
7. 我很難跟別人溝通。
8. 我總是自己滔滔不絕，而非與他人有來有往地交談。

9. 我很難解讀別人的情緒。
10. 將內心的情緒表現出來會讓我不自在。
11. 我不知該如何表達自己的感覺。
12. 我不知該如何對別人的狀況表現出同理心。
13. 我對某件事的著迷經常可以持續好幾個月都不停止。
14. 我會選擇自己一個人做某件事，而非與他人互動。
15. 我常只看到事情的細節，而非全貌。
16. 我做事的時候必須遵循一套系統或方法。

說明

這是我製作的非正式量表，以量化方式呈現社交技巧匱乏。將你的百分位分數總和除以16，就是你的平均百分位。此表亦可分類進行檢視：1-4題是社交技巧、5-8溝通、9-12情緒、13-16過度專注的興趣。讀者若需進一步解讀自己的分數，或需要更多相關資訊，可參考網站tytashiro.com/awkwardquiz。

自信外向的人，未必擁有社交力

我們已經排除高功能自閉症是我的社交困境的肇因，那麼，除了社交技巧匱乏之外，還有三個可能的解釋：社交焦慮、人格障礙、內向。這些特質都與缺乏社交能力有關，卻非是「社交囧星人」的同義詞。

我經常極度擔憂自己有沒有能力處理即將發生的社交互動，例如每天搭校車上學或參加生日派對，所以「社交焦慮」或稱為「社交尷尬」可能就是我的社交困境來源。對社交互動過度恐懼，或是過度擔憂自己會出糗或討人厭，就可診斷為社交恐懼。社交恐懼與社交尷尬的差別是：社交恐懼主要是非理性的恐懼，擔心自己的社交行為不適當；而社交尷尬則是指缺乏適當社交行為的執行能力。後者經常因為不知將如何面對社交場合而緊張，但他們的憂慮不見得屬於超乎尋常或不合理的範圍。就我而言，擔心自己表現出奇怪的社交行為，其實很合理，因此也必須排除社交恐懼是可能的解釋。鑑於我過去在社交場合的行徑，我有充分理由擔心自己無法給人留下好印象。

我常顯得心有旁騖，也會忽略尋常的規矩，例如買東西時忘記應該排隊，此外，面對他人的困境，我也常無法顯露同理心，因此被當成冷漠的人。而人格障礙（例如反社會或自戀）則是因為極度的自我中心，造成他們一貫的對旁人冷漠以待。社交囧星人有時看起來也很冷漠，但與反社會者或自戀者不同，他們的冷漠行為通常並非刻意，只是不懂如何處理棘手的社交情境。反社會者與自戀者非常瞭解社交常規，大可施展魅力，卻運用他們的社交能力算計他人。所以，我有時不慎傷害了別人的感情，或表現得很冷漠，雖然無可原諒，但背後的原因大多是缺乏社交技巧，而非心存惡意。

相較於多數的孩子，我大部分時間喜歡獨處，也比較喜歡一對一的互動，而非成群的團體互動；我面對陌生的社交互動也顯得害羞。「內向」與社交技巧匱乏並不一樣，多數內向的人仍可瞭解社交常規，舉止也能符合規矩，只是不像外向的人那樣喜歡頻繁地社交互動。內向指的是某人對社交互動的「偏好」與否，而社交技巧匱乏則是關於一個人能否有效與他人互動的「能力」。商業諮詢顧問蘇珊．坎恩（Susan Cain）的著作《安靜，就是力量》也提出解釋：「內向者可能有社交問題，因為他們對社交互動的偏好程度無法符合外向的社交圈（例如美國社會）的標準。」內向的孩子在社交場合或許顯得有些不安，但不致於因為不知所措而無法動彈。我雖然也是內向的人，但我的社交困境卻不見得來自於內向的個性。

社交困境的五個肇因（社交技巧匱乏、自閉症、社交焦慮、人格障礙、內向）當中，看來「社交技巧匱乏」最適合用來解釋我的社交行為。社交技巧匱乏的源頭不見得是情緒傾向、動機，或是偏好，而是在經營社交生活方面缺乏直覺反應。從這個結論，我們回頭看最初的問題：「不擅長社交關係的人有什麼問題嗎？」就臨床精神病學與心理學而言，答案是：「沒有。」但我們也看到這類型的人因為嚴重缺乏社交技巧與溝通能力，因而無法有效處理複雜的社交生活，他們就像站在錯綜複雜的路口，陷在一個無法明確被判定正常或異常的灰色地帶。即便只是去商店買東西，或是開口請老師協助等等日常簡單的人際互動，對他們來說都很困難，因此可能造成別人無法真正瞭解他們。旁人必須有多一點的時間，才能發現他們的特殊觀點、欣賞他們的機智，或是受益於他們的好意舉動。社交囧星人常會這麼想：「若是別人可以多瞭解我一點，應該會喜歡我。」

我曾多次發現，在那些社交大腦不甚發達的人處理社交常規的時候，只要對他們多點耐心以對，結局通常很好。擁有良好的交際手腕並不代表一個人是否正義、仁慈或忠心，反之，缺乏社交技巧與能力的人正因為經常受到不公平或不仁慈的對待，可以感同身受，反而更有正義感或同理心。一個很好的例子就是冷漠、孤僻又社交笨拙的亞斯伯格。

亞斯伯格在一九四四年發表開創性的自閉症論文，但數年之前就已經在維也納大學研究室開始與論文中的個案研究對象開始合作。在《自閉群像》（NeuroTribes）一書中，作者希伯曼詳盡敘述因為德國納粹崛起並侵略奧地利，亞斯伯格的研究工作受到相當的影響，他在維也納大學醫學院的多位猶太裔同僚被迫逃往他國，甚至被送進集中營殺害。納粹教條包含優生學，而亞斯伯格研究的這些男孩正可能被納粹認定具有基因缺陷而送往集中營。

如此不理性、充滿仇恨的意識型態在奧地利社會如傳染病一般蔓延，我想像亞斯伯格身陷其中，他甚至不懂得如何遵循最簡單的社交常規，與至親之人建立情感連結都有困難，卻清楚知曉社會正義必須遵行的大方向是：尊重多元價值、珍惜生命、扶助弱小。

即便可能危及個人安全，亞斯伯格仍繼續進行研究並發表自閉症理論，終究亦有足夠的社交聰慧可以在極大的危險之下，為他的研究對象發聲。納粹曾經突襲他的研究室，準備逮捕他，病患們想必也將被送往集中營，但人際技巧較佳的同僚協助他成功說服納粹，化解了危機。他談到個案研究的時候，刻意稱呼他關愛與保護的患者為「小教授」，而非「反社會的自閉症患者」，讓對方瞭解這些男孩的社會價值，堪稱是巧妙的手腕。

社交流利是可以練習的

摔跤聯盟慘劇之後，我決心遵循司丹森教練的教誨，好好研究「社交」這件事。我發現，有一顆笨拙的心，卻想要變得從容自在，就好像近視的人尋找丟失的眼鏡，你得先找到眼鏡才能看得清楚，但現實情況卻正是因為看不清楚而找不到眼鏡。這雖是殘酷的諷刺，但我也沒得選，只能繼續尋找我需要的東西。社交囧星人的任務就是找到一個方法，可以有系統地搜尋他們所需，在找到之後就能從新的角度解讀社交世界。

我的社交生活逐漸獲得改善，最後更遠遠超越身為七年級生的我所能想像的一切。我也看到身邊許多與我有相同苦惱的朋友、學生、客戶改善他們的人際溝通能力，並能享受社交生活，從中獲得極大的滿足感。從這些成功改善社交生活的人身上，我看到幾個共通點：他們都刻意訂定計畫、願意以開放的態度改變習性，也願意為了改善社交悟性與技巧而努力做系統性的練習。

某些擅於交際的朋友聽說我正在寫一本關於社交技巧匱乏的書，經常便問我：「如果不擅長處理人際關係的人知道自己在人際互動上很笨拙，為什麼不直接停止耍笨就好？」他們的問題並非不合理，但也點出「長袖善舞者」與「短袖難舞者」對世界的看法的迥異。前者能看到整個明亮的世界，後者則只見到聚光燈照亮的有限範圍。前者不懂為什麼後者無法看到舞台中央的動作，而後者同樣不懂為什麼前者不像他們那樣會被聚光燈下的事物深深吸引。

對於社交互動感到尷尬不自在的人希望自己不要那麼笨拙，可以更容易就知道如何經營社交生活。但他們需要以特殊的方式理解社交互動的規則，那就像一套牽涉智慧財產權的資訊，沒有人願意直接且明確地告訴他們。

我突然看到一線曙光、知道該如何改善社交技巧的時候，是正在上中學的西班牙語課。蒙戈瑪麗老師說，當你發現自己能用西班牙語思考或做夢，就表示你的西語已經到達熟習、甚至流利的程度。她說，一旦單字的意義與文法規則都變得自然而然，就可以開始理解其他的抽象概念，例如對方的感覺，或文化上的微妙差異。我因此意識到，長袖善舞就像語言的流利度，多數人都能說流利的社交語言。一般人到了小學之後，自然就能說流利的母語，同樣地，社交世界的多數人也能在小學之後就做流利的社交。

這個「社交流利」的概念之後又獲得進一步強化，我問母親，她診所裡的孩子為什麼需要語言病理學家的幫助。她說，這些孩子跟別人並沒有不同，只是有些孩子有例如口吃的問題，嘴巴無法配合大腦的指令。口吃讓人覺得丟臉，等到孩子開始出現自我意識，他們的焦慮感可能讓口吃又更加嚴重。

我發現，學習語言或學習克服口吃，必須採取由下而上、循序漸進的方法。首先要熟悉一套基本原則。為了學西班牙文，我必須背誦單字、練習彈舌音，還要學會文法，才知道怎麼組織單字。口吃的孩子必須曠日廢時練習用舌頭頂著牙齒背面發出「TH」的聲音，或是練習把舌頭從口腔頂部放下來，同時吐氣，以發出「L」的音。

到了某個程度之後，使用第二語言的人不再需要刻意留心語句中的名詞，或是花力氣分辨時態是過去、現在或未來。在充分的練習之後，學習外語的人終究可以從強記生字意義與文法，變成無需刻意思考單字與文法，就能流利說外語。一旦他們能夠使用流利的語言，就有餘裕欣賞與他們對話的人與情境，獲得更深的情感連結，帶來更多快樂。

我領悟到提升人際智商的機會，取決於如何利用我講求步驟的個性來處理社交困境，所以我開始踏上追求「社交流利度」的路途，首先要建立一套固定程序，並且開始列舉清單。每個上學日晚上睡前都花半小時回顧當天的社交互動狀況，並且列出隔日必須練習的社交技巧。我既謙卑又費盡心思試圖弄懂社交生活，最終開始看到某些進展。我也決心要追求更高的境界，不只是不再笨拙不自在，還要變得社交流利。後來，當我的夢境開始出現棒球統計數字和明星摔角手之外的事物，我就知道自己已經邁向成功了。

第三章

缺乏社交DNA該怎麼辦？

我按鈕啟動計算機手錶，時間是二十點三十分一秒，朗斯峰中學冬季舞會已經進行到超過一半，偌大的舞池還不曾出現一個人影，人群被舞池分隔在自助餐廳的兩端，女孩一群，男孩一群。幾個星期之前，同學們就開始熱烈討論要邀請誰跳慢舞，但舞會開始九十分鐘後至今，女孩子全都擠在一起，聚集在自助餐廳北端，男孩則是背靠著南端青綠色牆壁，努力讓自己看起來一副毫不在乎的模樣。大家在舞會之前雖然是一片充滿希望的高昂興致，現在卻被困在性別隔離的兩方，無形的恐懼力場使得大家裹足不前。

當DJ播放當晚的第一首慢歌，這一切才終於改變。旅行者樂團（Journey）的纏綿情歌「敞開雙臂」（Open Arms）響起，DJ調暗燈光，聚光燈打在玻璃球上，一股乾冰煙霧灌入舞池。歌曲的溫柔音符觸動了凱莉的心弦。她是本校公認前五名最正的女生，是男生都想邀約、女生都想模仿的人，所以大家都注意到她突然轉身，背對舞池北邊的女生，明亮的綠色眼眸注視著南邊。

原本跟凱莉聚集一處的正妹瞬間散開，軍隊一般精準形成楔形隊伍，開始朝南方前進。原本吹噓自己準備怎麼大膽引誘女孩一起跳舞的男孩們，此時全都驚恐倒退，背脊緊貼著綠磚牆。凱莉的隊伍穿過舞池中央的雲霧現身，男孩們發現女生的隊伍直行而來，全都陷入恐慌。我沒能從女生的隊形判斷即將到來的社交互動，也沒有感受到身邊如野火燎原一般的恐慌情緒，因此，當凱莉抓起我的手，把我拉向舞池，我簡直驚呆了。

身為害羞的八年級生，我的腦袋沒有能力接收女孩放電的訊號，更無法理解會有女生對我感興趣。凱莉個性活潑外向，早就意識到她必須主動邀請我跳舞，因為即便她一向以來對我放電到了毫無掩飾的地步，我依然呆若木雞。凱莉和我是二級西班牙語課的同學，座位剛好被分配在一起。我發現可以跟她處得來，常在課堂活動合作，例如演練餐廳點餐或買火車票的情境對話。

就中學社交階級而言，她對我來說簡直高不可及，因此我從未想過除了練習西語，她會願意跟我有任何互動。冬季舞會之前幾星期，凱莉幾乎每晚都打家裡的電話找我，藉口是要我幫她練習西語。當西語家教時間開始出現其他內容，例如她說：「我真的很希望可以跟像你這麼好的人交往……如果有你這樣的男朋友就太幸運了。」我也從未想過她試圖告訴我什麼。

彼此共有的情愫之所以難以解碼，是因為訊息本身被刻意加密。當兩造對彼此的情意不明確的時候，我們或許偶爾讚美對方的外貌，或是不經意似地觸碰到對方的膝蓋，在突襲了調情領域之後，通常又會撤退到柏拉圖式的行為，如此猶進還退的調情對許多人來說或許是無上的愉悅，對缺乏社交技巧的人來說，其中的社交訊息已經被稀釋到近乎無法辨識的地步。即便是顯而易見的社交訊息，他們都已無法偵測，遑論虛無飄渺的情意傳遞。

生平第一支慢舞想當然耳讓我極度不知所措，凱莉的雙手搭上我的肩膀，那兩秒鐘像是尷尬的永恆，我的姿勢是立正站好，然後兩手不知怎地就搭在凱莉的腰上了。對一個社交能力有限的人來說，與凱莉共舞實在令人難以招架。旅行者樂團吟唱著即將墜入愛河的兩個人，玻璃球反射的藍色光點在身邊閃耀旋轉，DJ因為大家終於開始跳舞而活了起來，不斷對我們噴乾冰，我敏感的淚腺有點受不了。

凱莉更靠近我了，我們的臉距離只有兩吋之遙，她大舉入侵一般人應有的十八吋禮貌距離，她身上的味道好似草莓園。我們身高相仿，所以我突然意識到，我的眼球從不曾跟女生的眼球如此接近。從我方形大眼鏡的邊緣，我注意到原本的恐慌力場已經被凱莉和她的部隊打破，終於解放的學生們成雙成對緊張地搖晃身軀，所有人都伸長雙臂，輕輕搭著對方的肩膀或腰部。大部分的人都避免不斷直視對方，所以時不時注視我這兒實境上演的鹹魚大翻身。

凱莉和我在閃耀藍色光芒的舞池緩緩舞動，然後我發現有幾個男生和女生一直對我揮舞雙手。一陣困惑之後，我發現他們是提醒我別再等待，趕快親吻凱莉。我知道他們是對的，但是，如果我錯誤解讀凱莉的社交訊號，我看起來就會像個大笨蛋，甚至可能導致心碎的災難後果。

我聽著「敞開雙臂」進入喜悅的第三段歌詞，凱莉的手從我的肩膀移到我的背上，她的額頭靠上我的額頭，我感覺旅行者的主唱就像是對著我唱歌，跟我說他瞭解我對這個女孩的渴望。只要我終結兩人嘴唇之間最後的一吋半距離，這一刻就會完美無瑕。

就在我的勇氣高漲的此刻，凱莉靠上來，在我耳邊輕聲說：「我從來沒有對任何人有這種感覺……」我的腦袋立刻進入高速運轉模式，試圖解讀她這句話的意思。

剖析社交囧星人的大腦結構

社交囧星人有時覺得自己的腦部的社交功能就像《星際大戰》電影的宇宙飛船「千年鷹號」的光速功能。在最早的星際大戰三部曲裡面，千年鷹號出現的場景通常是韓索羅和丘巴卡正駕駛著千年鷹號遭受敵人攻擊，一貫的劇情都是敵人兵力龐大，但千年鷹號最終都能成功脫身。韓索羅指示丘巴卡準備以光速前進，這時觀眾便屏息以待，因為他們知道光速功能有一半的故障機率。當光速無法啟動，就會出現引擎咳嗽的惱人聲響，伴隨著丘巴卡的怒吼，凸顯狀況的危急。

長袖善舞、八面玲瓏的人若是做出笨拙行為，只會奇怪自己通常能巧妙因應的狀況，為什麼沒能處理好。但是，對長期處於社交困難狀態的人來說，一長串令人尷尬的愚蠢行徑可能導致他們懷疑自己的社交方法是否有根本的錯誤。目前已有某些神經科學研究計畫，可一窺這類人腦部運作的方式。

加州大學洛杉磯分校神經科學教授馬修．李伯曼（Matthew Lieberman）的著作《社交天性》（Social：Why Our Brains Are Wired to Connect）對於人腦如何處理社交訊息提出一個精采的概觀。他的研究團隊發現，人類有兩個腦部網絡，一個處理非社交問題，另一個處理社交問題。當人類運用純粹理性或邏輯來解決非社交問題，例如閱讀關於神經科學的文章，腦部的某個網絡開始活躍，我暫且稱之為「學術腦」。另一方面，當人類需要解決社交問題，例如理解朋友的狀況，或是釐清異性是否對自己有愛意，他們便啟動另一個網絡，神經科學家稱之為「社交腦」。重點是，當學術腦被啟動，社交腦就變得比較不活躍；反之，當社交腦被啟動，學術腦就不活躍。

李伯曼提出社交問題與非社交問題的區分，其中具有重要意義。腦部影像研究指出，社交技巧匱乏的人在處理社交訊息時，腦部活動呈現非正規模式，他們在理解他人意圖或是解讀他人情緒狀態的時候，社交腦經常並不活躍，有時甚至是學術腦出現高速活動。

這些研究結果顯示有社交障礙的人無法直覺解讀社交模式或全貌，而是必須將社交訊息當成方程式或拼圖處理。例如，當你在前面段落讀到「凱莉」（Kellie），你大概不需要像芝麻街那樣唸出每個字母，只憑直覺就能把Kellie當成一個字，而非六個字母，這個直覺反應就在下意識的一瞬間完成。

如果這個字長得像這樣「Kel$li@e」，又該如何？

你讀這個字所需要的重要資訊都已經包含其中，但兩個無關的符號很可能阻斷了你的直覺理解，使得你的處理速度變慢，而且變得刻意。這便是不擅交際者的感覺，他們無法從社交訊息直覺理解全盤的意義，而是以片段的方式解讀社交場合，腦部掃描顯示他們忙著把這些片段組成協調的全貌。

社交笨拙的男孩並非看到一個「慢舞」的全貌，而是看到各個組合成分：一首歌、手在腰上、先左腳、再右腳、四目交接……。清楚明瞭的狀況一旦到了這類人的腦中，很可能變得複雜無比。

所幸也有證據指出，只要做一些調整就可以克服這些困難。我們只要提醒他們刻意偵測社交線索，並且給予對方多一點時間消化線索的意涵，就會發現他們也能跟長袖善舞者一樣正確解讀社交場合。理解社交場合的能力不僅是聽懂別人說的話，也必須掌握對方說話方式所傳達的微妙訊息。以下將討論三個社交囧星人經常難以理解的重要訊息：非語言的行為、臉部表情，以及社交語言的解碼。

非語言的訊息真難懂！

在冬季舞會站在我旁邊的那些男生都能預期跟凱莉和其他女生可能有什麼互動，心理上也有所準備，而我的心思卻仍然在計算舞會已經過去多少時間、還剩餘多少時間，以及兩者之間的比例。我的心思原該用在準備迎接社交互動，卻不知跑到多遠的地方去了。

當凱莉把我拉進舞池，我的腦子因應這意外出現的社交機會，開始緊急重新分配心理資源。

DJ開始放第一首慢歌的時候，其他男生直覺接受到非語言的訊息。凱莉毅然面向舞池南邊、女生們協調一致越過舞池、不眨眼的目光接觸，這些都是明確訊息，表示社交互動即將開始。就像其他社交場合一樣，別人看到的訊息我也看到了，但腦袋卻未直覺將訊息轉換成有用的結論。現在已經有心理學研究可以指出哪些重要訊息可以用來解讀社交互動，而與人相處會感到不自在的那些人又何以忽略這些訊息。

東北大學的霍爾（Judith Hall）與納沙泰爾大學的邁絲特（Marianne Schmid-Mast）共同研究非語言的行為如何影響我們正確判斷他人想法的能力，心理學家稱之為「同理心準確度」，他們請研究對象觀看一段兩人互動的影片，請他們就十六個時間點猜想片中人物的想法與感覺。霍爾與邁絲特把他們的答案和片中兩人真正的想法與感覺做出比較。

霍爾與邁絲特之後也加入一個變項，將研究對象隨機分為四組：只聽聲音、只讀對話文字稿、只看影像，以及同時看影片並聽聲音。一如預期，同時看影片也聽聲音的人取得最高的同理心準確度（五十六％）。只聽聲音的準確度（五十％）高於只看文字稿（四十％），有點令人意外的是，觀看靜音影像的人無從得知對話內容，只能仰賴非語言的訊息，卻也能相當程度猜出片中人的情緒（三十四％）。

密西根州立大學的英格索（Brooke Ingersol）曾經研究社交技巧匱乏指數高的人是否較無法解讀非語言的訊息。例如，當對方開始快速點頭，缺乏社交能力的人通常不知道那是應該結束談話的訊號，他們通常也不知道跟陌生人距離太近的時候不應該不斷直視對方。雖然這類人通常不致於超過別人願意說話的時間，也不願意在擁擠的電梯讓別人感到不舒服，但他們常錯誤解讀非語言的訊息，因此不僅無法精確解讀社交場合，也可能發出錯誤訊息。

舉凡迴避目光接觸、眼睛的一抹閃光、急切的語調，都是我們賴以解讀他人意圖的訊號，或是藉以將自己的意圖或感覺傳達給他人。我們接下來要討論一般人認為顯而易見、但社交囧星人卻會忽略非語言的訊號，只因為他們通常會無視舞台正中央的非語言訊息，而把注意力放到其他地方。

交談時的非語言的行為

你與人交談時，對方用來評估你是否討人喜歡的因素不見得是你說了什麼，而是你是否真心對他說的話感興趣。以下是來自統合分析（meta-analysis）的結果，是與人交談時最能形成正面印象的非語言訊息。

1. 身體面向對方且向前傾。
2. 面帶微笑。
3. 點頭。

兩段式的表情解讀

凱莉和我剛走入舞池時，我笨拙地把手放在她的腰上，而她則堅定地搭著我的肩膀，直視我的眼睛，我感覺她眼裡像是有無形的雷射光，很快就讓我的社交腦過熱。我不習慣直接看著別人的眼睛。

凱莉的情緒不形於色，嘴角既不上揚也不下撇，眉毛既未揚起也未低垂，因而只剩下她的眼睛還能透露訊號，她雙眼圓睜、瞳孔放大，讓我覺得她或者很意外，或者害怕，也可能兩者都有。經過幾秒鐘緊繃的四目交接，我有些受不住，就像滿水位的裝置得放水，我的目光向左移，停在凱莉亮晶晶的耳環上，好似冒出水面呼吸的感覺。

如果只能挑選一個地方來擷取社交訊號，那就看對方的臉。傳奇人類學家米德（Margaret Mead）表示，臉部表情是人類的共通特徵。不同文化中的表情可能有不同的意涵，但無論什麼文化體，「微笑」基本上都代表好事，「皺眉」都代表壞事。我們仰賴表情的豐富訊號來判別某人是敵是友，並理解別人的情緒狀態與意圖。

加州大學舊金山分校榮譽博士艾克曼（Paul Ekman）發現，表情是判斷真實情緒狀態的可靠指標，眼睛、嘴唇等顏面部位的細微變化，在整合之後就能可靠判讀表情。例如，伴隨眼角皺褶的微笑是真正的笑，沒有眼角皺褶則洩漏了你正在假笑的祕密。此外，皺眉、瞪眼、抿唇則表示你生氣了。

當然，別人不可能端著一個表情等待你做細微分析。擅於社交者進入一個社交場合，會直覺先看看大家的臉，只消快速一眼，就能知道在場的人心情是否沈悶、雀躍，或緊張。

社交囧星人為什麼比較沒辦法從表情訊號得知對方的情緒？這裡有兩個解釋：加州理工學院的亞鐸夫（Ralph Adolphs）研究團隊進行一項相當聰明的研究，他們比較不擅社交與長袖善舞者各以什麼表情判斷他人情緒。與其他多數情緒感知研究的結果一致的是，他們發現長袖善舞者大多從眼部判斷對方情緒，相較之下，缺乏社交能力者鮮少注視對方眼部，而是嘴部。

在另一項情緒處理的研究當中，北卡羅萊納大學使用fMRI拍攝受測者的腦部，他們請擅於經營人際關係與不諳社交者觀看人臉相片，並判斷對方情緒，他們發現後者進行情緒判斷的準確度與前者一樣高，但腦部影像卻顯示後者在進行情緒判斷的時候，是一般人通常用於辨認情緒的腦部部位並不活躍，反而是通常用於解決非社交問題的部位呈現高度活躍狀態。這個研究結果非常重要，跟其他影像研究一樣看到相同的模式，顯示不擅社交者雖不能與一般人一樣直覺消化社交訊息，卻能另覓途徑解開社交謎題。

當缺乏社交能力者終於把目光放在別人臉上的時候，通常從基本因素開始往上發展，意即先將注意力放在個別臉部特徵，而非看到整張臉。社交高手看到一張臉，立刻就知道這個人很開心😊，社交能力不佳的人則是先看到嘴），再看到眼睛：，將兩個資訊連結在一起之後，得到的結論才是這人很開心：）。

在上述例子中可知，不論是否擁有良好的交際能力，我們都能從對方的臉部表情得知這人很開心。但缺乏社交技巧的人走過的程序比較費力，得到的結論：）就品質而言也跟社交達人從全貌判斷所得到的結論😊有些差異。這是個很好的例子，可以說明社交囧星人如何將社交訊息當成拼圖習題，交由學術腦來解決，而非視之為社交腦能夠一次全面處理的狀況。

不過，當這些社交尷尬症者被提醒必須從臉部尋找情緒訊號，他們就能更快將注意力放在別人的臉部，因而也能提升同理心的準確度。這是他們能夠用來克服笨拙傾向的可靠方式，亦即將注意力放在對的地方。研究顯示，如果讓受測者無事可想，或是讓他們的心思隨意漫遊，一般人傾向於讓社交腦繼續運作，即便沒有社交活動亦然。相較之下，人際技巧不足的人似乎並不讓社交腦保持運作狀態，他們需要被提醒，才會發動社交腦的引擎。

聊不起來的句點王

我一邊試圖解讀凱莉的非語言訊號，想弄懂她眼神透露的意圖，一邊努力想要說些好話。我從不曾需要說浪漫的話，立刻意識到這種微妙的語言是多麼難以拿捏。當她輕聲說了語意不明的那句話：「我從來沒有對任何人有這種感覺……」我完全不知道該怎麼回應才算恰當。

社交囧星人在聽與說方面都有困難，從受測者在自閉症光譜量表的作答狀況看來，他們比較不知該如何運用務實的語言，這裡指的是在社交場合做有效溝通的能力。我們可以從四個問題場域去了解這種運用務實語言的困難：無法從別人說的話得出意義、話太多、不知道該說什麼，以及說話太過率直。

就理解力而言，這類型的人聽不懂弦外之音、諷刺、玩笑話，即便他們的語言智商等於或高於平均值，依然很難從社交語言擷取對方想傳達的意義。研究人員測試不擅社交成年人的書面文字理解力，請他們判斷故事人物的想法與感覺，發現他們的分數與擅於人際交往的人差不多，表示他們從文字擷取深層意義的能力較高。

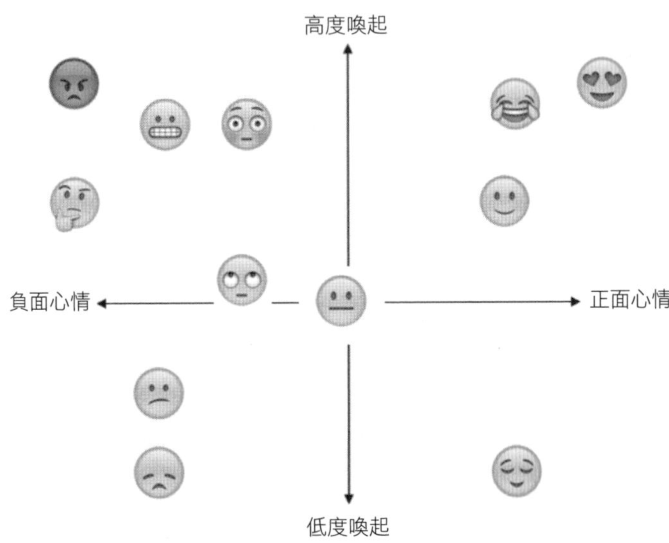

另一種解讀情緒的有效方式就是去理解情緒的組織方式。研究人員發現情緒可以透過兩個座軸來組織，橫軸代表當下心情是正面或負面的，縱軸代表生理上被喚起的程度。

研究人員尚未釐清是哪些確切原因會導致人際溝通能力較弱的人出現理解語言的困難，但已有可信度很高的假設。這類人之所以在社交上缺乏理解力，很可能是因為不懂得接受非語言訊號與表情訊號，或是無法從語音訊號（例如節奏或語調）取得有用的資訊。無論這當中的機關是什麼，當我們知道他們聽不懂社交語言的真正意涵或意圖，自然就能諒解他們不知道該說些什麼、該怎麼說。

社交囧星人不確定在社交場合該說些什麼，一般人自然而然能做到的，對他們來說卻得歷經一番掙扎，例如如何主動與他人隨興互動或閒聊。他們知道很多有趣的話題，但這些人就像一本缺少前言與第一章的書，而這些章節的功能正是讓作者先與讀者打招呼、彼此熟悉一下，才能進入更深的內容。

如果讓不擅交際的人知道一般人愛聊的話題，或許能幫助他們更自在言談。許多研究一致指出，一般人大多都談論社交性質的話題，喜歡談人際關係，包含如何解決跟同事的衝突，或是最新電視劇的內容。談論人際關係可以幫助人進一步解決社交難題，朋友也能提供有用的意見。此外，多數人也愛說八卦，常被視為負面行為，但其實也能有正面意義，例如以下兩句話均可被視為八卦：「艾倫真的很聰明，你應該多跟她聊聊。」或是：「芭芭拉不值得信賴。」

有些缺乏社交智商的人一旦開口，就不懂得何時該住嘴，常是獨自高談闊論，而非與人對話。問題是沒有人喜歡聽人說教，他們進入說教模式的主題常是非關社交、是他們自己感興趣的領域，時而又以屈尊就下的語氣說話，這雖非他們的本意，但聽者卻會覺得只是被動旁觀一場冗長的批判大會，自然會想離開現場。

五個能與人聊不停的好話題

你若能引導對方談論他們的興趣，就是成功的對話。以下列舉的是一般閒聊可以使用的問句，以及能夠更進一步深談的提問方式。

1. 「您的工作是…？」↓「你現在對哪些事比較感興趣？」
2. 「你是怎麼認識安迪的？」↓「可以跟我說你和安迪相遇的故事嗎？」
3. 「你好嗎？」↓「這個週末打算做什麼活動呢？」
4. 「你是哪裡人？」↓「在紐約生活，你最喜歡什麼？」
5. 「工作還順利嗎？」↓「你希望一年之後在工作上有什麼進展？」

讓交談冷場的句點王並無意讓別人覺得無聊或是被鄙視，那麼又為何選擇獨白演講，而非有來有往的對談呢？如前所述，當他們靜下來的時候，心裡多半並不會想著與社交有關的資訊，亦即他們鮮少思考社交議題，因此也沒有太多相關的話題可聊。他們經常想著的事情很可能是「魔獸世界」（World of Warcraft）、森林濫伐問題，或是《權力遊戲》（Game of Thrones）的冬天是否真的到來了。

這些若是一般人知道的話題，大家就可以談談自己知道什麼、對什麼感興趣。如果對方同樣對魔獸世界或全球暖化感興趣，那麼就沒問題了，因為雙方都有足夠的知識可以參與談話。但是，當他們談話的對象對非社交議題不感興趣，只希望深入談論社交話題時，那麼他們可能下意識為了避免談論不熟悉的話題，便不自覺開始演講，結果就像是進行社交議事阻撓一樣。

每當具有社交困難症狀的人陷入演講模式，很可能把唐突的評論變成唐突的獨白。為了瞭解他們為何常不慎冒犯他人，或因說錯話而出糗，我們可以先想想「正確」和「社交正確」的差別。「正確」是你所說的是客觀的事實，而「社交正確」則是你說的話可以帶動有趣或有用的對話。

我跟凱莉跳舞時，一直苦思有何妙語可說，起先想到可以在她耳邊輕聲說的甜言蜜語包含：「妳的味道就像一片草莓園。」或是：「我們的眼球都快碰到一起了。」所幸最後我未曾說出這些客觀正確卻社交錯誤的評語。但我聽過更糟的，有一次，我的朋友艾立爾斯在剛認識的朋友面前說到他剛分手，和前女友「終究是合不來」，他其實是正暗示著：「就當是這樣吧！別再提了！」另一個朋友史帝夫是個社交囧星人，他知道艾立爾斯分手的真相，但當時沒聽懂對方的意思，為了追根究柢，他義正辭嚴詰問：「艾立爾斯，因為你女朋友劈腿，你們才分手的不是嗎？」就事實而言，他說得沒錯，只是犯了嚴重的社交錯誤，在一般人聽來，這些話非常唐突，甚至惡劣。社交囧星人一旦意識到自己說的話聽起來多糟糕，其實都會覺得糗爆了。

社交不自在者終究會意識到自己有容易說錯話的天性，知道自己常誤解別人試圖傳達的訊息，可能因為不想再出言冒犯他人、羞於分享自己不尋常的興趣，從而變得寡言。

讓別人喜歡跟你交談的關鍵，在於你如何回應他們說的話，而非你妙語如珠或顯露淵博知識。想要強化溝通能力、與他人建立融洽關係，重點就是鼓勵別人分享他們喜歡的事物，並且以同理心理解對方說的話，當對方感受到你的真誠，你就成功傳達了更深一層的訊息：你關心他們。我們都希望能找到對自己好的朋友，當你能表現出你是真心在意對方，就能感動對方。

學習掌握社交節奏

「敞開雙臂」輕妙的曲調進入尾聲，我覺得心跳加速，腦中也快速轉著各種念頭。當下有太多強烈的訊號：凱莉緊擁著我、嘟著雙唇，還有她輕聲說的那句令我傷腦筋的話，對我的社交腦來說，實已超過負荷。我想應該是在學術腦和社交腦之外，有什麼更原始的動力讓我決定終結兩人嘴唇之間最後一吋半的距離。

然而，我必定忽略了某些直覺之外的社交訊號，結果我只親了一嘴的美麗金髮。對十二歲的孩子來說，這樣被拒絕很可能造成長久的傷痛。理智上我知道自己正經歷典型的青少年煩惱（我在茱蒂．布倫的書中讀過），若與這世界種種的問題相比，其實微不足道；但在情感上，每每回想到這個命定的夜晚都讓我覺得傷心，甚至沮喪，當晚的回憶有時顯得太過真實，臉頰還會因為羞赧而漲紅，心情也因為失落感而低沈。

無論如何，「凱莉之夜」對我仍有所鼓勵，顯然我試圖強化社交技巧的努力已經見效，我發現自己開始能接收到更多訊號，並逐漸更精準加以解讀。我遵循條理、持續不懈，每天前進一點點，終究能開始掌握社交節奏了。

我試圖理解社交生活微妙細節的努力，有點類似過去上音樂課的時候，老師要我們跟著音樂節奏打拍子。我的韻律感很差，這個簡單動作對我來說卻很艱難。我雖然能鼓掌，卻打不到點上，我能聽見節奏，也看到其他人都能跟上節奏，但我愈是專注想要跟上其他人，反而愈是掉拍。有一句話說：「依照自己的節奏去行動就好」，但經營人際關係可沒這麼簡單。社交囧星人的勇氣應該獲得讚許，他們明知別人會發現自己很彆扭，卻仍努力試圖跟上節奏。他們透過嘗試錯誤來掌握社交節奏的同時也持續感到焦慮，因為社交錯誤總在眾人面前發生，若一直無法達到社交常規的要求，便可能落到最糟糕的人際境遇：被排擠。

儘管如此，若能與身邊的人相處得融洽協調，也是很大的快樂。光是跟一群同樣喜好嘻哈音樂的陌生人一起跟著節奏打拍子，就能覺得自己歸屬於同一個族群。針對非語言行為的結果、臉部表情、務實語言的解讀與表達方式，已有許多科學性的研究分析得出實用結果，但如何在分秒之間接收、解讀、運用社交訊號卻是一種藝術。這可不是無用的錦上添花或奢侈品，而是理解他人訊息並清楚傳達善意的重要因素。

在之後一次春季田徑賽上，凱莉和我一起坐在內野，她的男友正準備跑四人八百公尺接力賽。自從冬季舞會之後，我們在二級西語課仍是同學，雖然曾有段尷尬的回憶，對彼此的善意友情依然持續成長。

我直到成年許久之後，才知道感情正要更進一步之際，有點像「看誰膽小」的遊戲。愛意剛開始升溫時，感覺非常強烈，美好的程度令人擔心導致爆炸的結果。就好似兩人正加速朝向未知的目標前進，即將接觸之前，因為感覺太強烈，造成保護裝置在最後一刻啟動，導致其中一人或雙方急踩煞車。

我從近視眼鏡邊緣發現凱莉的注意力不在操場上，而是聚焦在我的左耳前方某處。我假裝沒發現，直到她的強烈目光逼得我無力繼續忽視，就像牽引光束一樣，我的視線被拉過去與她相對。然後，凱莉非常貼心、成熟地這樣說。

凱莉：「泰，你後來會不會想到我們那時一起跳舞的事？」

我：「跟著『敞開雙臂』跳舞那次？你知道嗎？後來旅行者合唱團在這首歌之後又……」

凱莉：「那個……我知道你可能有點困惑。」

我：「喔！不知道耶，我想那是……」

凱莉：「那時候我真的很喜歡你，但我突然緊張起來，如果傷了你的心，我很抱歉。」

我：「謝謝你！沒關係，凱莉，感情有時候就是很令人困惑。」

第四章

當情緒讓人覺得不舒服

艾麗跟父母親等距排開，坐在我診療室的皮沙發上，他們的手都交叉放在大腿上。艾麗的父親穿著海軍藍西裝，搭配圓點領結，她母親穿的是燙得平整的海軍藍亞麻洋裝，頸上戴著一圈整齊的珍珠項鍊。艾麗的打扮則是白色與粉紅色交錯的條紋皺織洋裝，深褐色的頭髮被母親編成整齊的辮子。這畫面活脫是J. Crew服裝目錄的場景，很難想像五歲的艾麗經常引發家庭情緒暴動。

我從研究所第二年開始為艾麗看診，當時我仍在接受訓練，督導我的資深臨床醫師總是催促我探究病人的內心，但我無法理解何以深度挖掘病人的負面情緒有助於減輕憂鬱、焦慮，或憤怒？我認為情緒是理性見解的阻礙，因此總是不太情願地問這個老套的心理治療問題：「那麼，這件事讓你有什麼感覺呢？」直到遇見艾麗之前，我從未真正理解何以必須先瞭解病人的情緒，才能瞭解病人行為背後的緣由，以及他們是如何將看似不相干的社交訊號結合起來。

艾麗的父母是醫師，精神疾病診斷與統計手冊的術語像是他們的母語，他們可以流利地描述艾麗的情緒爆發是「……急症、慢性、重症。」她發作的狀況包含突然在大庭廣眾之下急迫尖叫，以及打或咬爸媽，有時可以持續數小時。艾麗在餐廳或商店若實在太激動，爸媽必須以熊抱壓制她，強行將她帶離現場，最近艾麗甚至在過程中大喊「救命啊！」，讓大家尷尬不已。

當爸媽描述她的問題，她看起來就像爸媽只是談著與她無關的事，表情就像小孩在大人餐會中聽大人討論政治或花崗岩流理台。後來她爸媽得離開幾分鐘，我問艾麗要不要看看診療室角落的玩具籃，她點表示同意，所以她爸媽離開後，艾麗和我坐在玩具籃旁邊的駝色地毯上。即便是成人，第一次接受心理治療也會非常緊張，孩子也一樣。我希望讓艾麗覺得可以掌控狀況，為表善意，我請她挑選玩具。她看起來既渴望又無法動彈似地，正是害怕不知能做什麼的模樣。

艾麗選擇了色筆和素描板，我請她畫家人，她立刻同意照做。艾麗是早熟的藝術家，小小年紀就能畫出成熟的空間感與細膩度。畫中的她穿著粉紅條紋洋裝，父母站在兩邊，三人都面帶笑容、手牽手。她接著又在父母旁邊畫另一個人，因為她是獨生女，這顯得有些奇怪。第四個人看來是另一個艾麗，只是穿深紫色洋裝，表情憤怒。我問她：

「艾麗畫得很棒喔！可以跟我介紹一下妳的畫嗎？」

「嗯……這是媽媽，這是爸爸。」

「他們看起來很開心。還有這兩個小女孩呢？」

「穿粉紅色洋裝的是艾麗。」

「她看起來也很開心。那麼，穿紫色衣服的女孩是誰？」

「她是沒有人喜歡的艾麗。」

即便不是心理學家也能看出這幅畫的狀況，艾麗知道自己的行為可能變成她無法辨識的模樣，但我隱隱覺得她爸媽在解釋他們為什麼不高興的時候，艾麗或許聽不懂爸媽的語言，所以應該設法幫助艾麗瞭解為什麼沒有人喜歡另一個艾麗。

「妳知不知道為什麼沒有人喜歡深紫色洋裝的艾麗？」

「不知道。」

「爸爸媽媽有沒有說他們為什麼不喜歡紫色洋裝的艾麗？」

「他們不喜歡情緒爆發。」

「情緒爆發是什麼意思？」

「我不知道。」

這就確認了我的第一個假設。艾麗因為情緒爆發而被責怪，但她不知道情緒爆發到底是什麼意思。你若從孩子的角度看事情，便不難理解她的困惑。「情緒」是抽象的概念，混合了生理反應與思緒，被我們稱為「喜悅」、「滿足感」，或「怒氣」。情緒的抽象本質可能導致孩子的困惑，他們的精神能力是具體的，也就是說，一般而言是從看得到、摸得到的東西去理解這個世界。那麼，該怎麼幫助孩子理解如「情緒」這樣的抽象概念？

先前與艾麗父母進行討論時，我得知艾麗發脾氣之後會被禁止看電視，當做懲罰。這個具體的行動恰可作為提問的出發點：

「艾麗，你最近一次被禁止看電視是什麼時候？」

「昨天晚上。」

「你記得你被禁止看電視之前在做什麼嗎？」

「吃冰淇淋。」

「是因為吃冰淇淋才倒大楣嗎?!」

（笑）「不是啦！是後來。」（笑容消失）「我要更多冰淇淋。」

「嗯，你要更多冰淇淋，然後呢？」

「媽媽說不可以。」

「然後你做了什麼？」

「尖叫。」

「你尖叫的時候，你的臉是什麼樣子？可以做給我看一下嗎？」

艾麗靜了一會兒，低頭準備表演，等她抬起頭，已經完全進入角色，皺眉、瞇眼、抿嘴、雙手緊握。我好好欣賞了一下她的劇場，然後說：「艾麗，妳的臉、妳發抖的拳頭……妳情緒爆發的時候就是這樣。」

我覺得這第一次的治療已經有不錯的進步，便說我們過兩天再繼續聊，起身準備離開時，感覺到她拉著我的褲腳。

「那個……泰，你生氣的臉是什麼樣子？」

「這個……艾麗，我不知道呢！」

「為什麼不知道？」

「妳問得很好，我一定會找到答案，下次見面告訴妳。」

強烈的情緒世界

我們可否直接跳過「情緒」不談？

情緒既細膩又充滿爆炸風險，在情緒世界裡的社交囧星人就像背著一個大背包，走在放滿玻璃器皿的商店。當身邊狀況使一般人興奮或害怕，社交內向者的無感便令人不解，但他們有時卻因為看似微不足道的小麻煩而出現驚人的情緒起伏。他們的情緒令人困惑，其實一點都不奇怪。我們將討論他們的情緒硬體結構如何異於常人，長久下來將如何侵蝕自信心，造成他們自覺無法適切處理與情緒相關的狀況。

我們若在某方面顯得無能，總想將之合理化，方法之一就是讓自己相信這事不重要。有社交障礙的人無法輕易解讀並表達情緒，為了將之合理化，就把情緒當成多餘無用的心理裝飾品，認為那只會阻礙理性思考罷了。艾麗有一種超齡的冷漠，某部分或許是本性，也可能是她發現這樣能讓身邊的情緒能量維持在較低的狀態，因而更加深她的冷漠程度。

為了降低情緒爆發的頻率，一般的直覺反應是設法面對或降低心中的憤怒，另一個不那麼直覺式的辦法則是採取主動，小劑量慢慢釋放負面能量，以免因累積過度而爆發。艾麗很少看別人的眼睛，我說了好笑的話，她也盡量壓抑笑容，她說話的語音單調，即便是敘述激動的經驗（例如她的情緒爆發）也一樣沒有語調起伏。她的冷漠確實能降低別人對她的情緒反應，卻無法阻止自己的情緒不斷累積。艾麗跟所有人一樣都有困擾、傷心、沮喪的時候，卻絲毫不顯露情緒反應，任由負面能量像核子連鎖反應一樣在心中倍數壯大，最後導致情緒爆發。

同理心的定義是：有能力理解他人的情緒狀態，並給予恰當的反應。情緒可能帶著另一層的意涵，無論是語言溝通或非語言溝通，都無法避免情緒因素的牽扯不清，因此對社交能力來說也非常重要。若只是設法將日常互動的情緒抹去，並不能因此一併也移除情緒造成的效果，況且別人對你的情緒反應也會有所期望，因此這樣做只讓結果更糟。期望的落空常造成不確定感，當人的心中有不確定感，情緒很可能就控制不住了。

許多研究都指出，拙於交際應對的人比較難以同理心面對他人的情緒。牛津大學的拜倫柯恩與衛爾萊特（Sally Wheelwright）從兩項研究中發現，一般人基本上都對他人的情緒有同理心，多半都能讀懂旁人的情緒，判斷對方是否在談話中感到無聊，所說的話是否有弦外之音，也有能力避免自己說話太直白。兩位學者發現，受測者越缺乏社交技巧，同理心就越低，不但較難讓旁人想繼續交談，也傾向從字面意義解讀對方的語言，且對人說話也太過直白或無禮。

這類型的人也能設法展露更多同理心，但必須先有某種程度的自覺，知道自己為什麼覺得解讀情緒很困難。若是其他人也能以同理心面對，多一點耐心與鼓勵，體諒他們只是表面上缺乏同理心，那就更好了。

「我愛你」，這樣說真難為情

我是在四年級情人節校際派對之後，發現自己的情緒運作跟其他同學不一樣。派對前一天，父母親帶我到卡片專賣店買一盒情人節賀卡。我看到卡片印著：「你就是我的情聖！」或「我好愛你！」，心裡只覺得恐慌，便央求父母開車帶我去其他商店看看，他們問我想找什麼卡片，我說：「不要這麼露骨的。」

最後我選了一組情緒表達比較含蓄的卡片，但等我開始填上我和對方的名字，想到卡片即將傳遞的感情，我還是覺得很不自在。我的冷靜裝置或許被強制啟動了，開始依據卡片的情感強度，由強至弱排成由左至右的一列，接著考量我認為對方可以忍受什麼程度的溫情，最後將同學和卡片做組合配對。

當然，其實多數同學連情感強度最高的卡片也都可以接受。就社交習俗而言，情人節當天應該說些包含「愛」或「情人」的話，效力就與其他三百六十四天說「喜歡」或「好朋友」一樣。但我無法順利換檔適應這一天的習俗，情緒智力因此不斷打結，後來心一橫，拿起奇異筆，槓掉最噁心的字眼，例如「愛」或是強化修飾的「好愛」，有時候也替換成程度輕一點的字眼，例如「喜歡」或是「有點」。

第二天，爸爸問我卡片寫好沒，我說寫好了，但沒想過要透露我已做過大幅度的編輯。到了學校，黑板上已經掛好各人自己設計的紙袋，同學和我把卡片投入紙袋，之後一邊喝可沛利果汁、吃情人節糖霜餅，一邊拆卡片。看過幾張卡片之後，我發現沒有人修改卡片，為時已晚地意識到自己真是搞不清楚狀況，我為了避免尷尬而付出的努力，完全是反效果，雖然同學都很客氣，不曾評論我改過的卡片，但想必會覺得「我好愛喜歡你」很奇怪。

社交人氣王想必對人際智商偏低者的情緒狀態感到困惑。這些人不是無動於衷，就是反應過度，似乎有情緒矛盾的問題。你可以說他們很像機器人，總有些冷漠似的，無法在他人悲傷或開懷的時候，適當表現相同的情緒反應。他們缺乏與他人情緒趨同的反應，別人對當下狀況做出情緒反應時，他們常是漠不關心，卻又可能因為一些小事而出現太激動的情緒反應，例如精確的每日行程表被打亂，或是工作遭受挫折，但都是些他人看來是過去就算了的小事。所以該怎麼解釋他們既過度又不足的情緒矛盾呢？

瑞士神經元微迴路實驗室馬克朗夫婦（Kamila and Henry Markram）的理論可解釋這類人的非典型情緒表現。他們從早期的實驗室研究得出「世界強化理論」，實驗中挑選成長過程就表現出社交動機低、行為重複、焦慮程度高的老鼠，分析牠們的腦部後發現，牠們出現社交不足與重複行為時，在腦部主管認知、注意力、情緒的區域都伴隨出現異常活躍的現象。

馬克朗夫婦因此開始思考這些老鼠在感知環境時，腦部運作強度是否超越其他老鼠。或許這些老鼠之所以表現出高度焦慮，是因為感知反應太強烈，所以周遭環境總是顯得太刺激。或許老鼠在社交方面的不足，為的是降低環境對牠們的刺激，因而做出重複行為，藉以迴避社交互動帶來的緊張。透過類推，這就像某些人在星期六夜晚寧可在家看網飛（Netflix）的重播影集或織圍巾，也不願出門面對餐廳的人聲鼎沸或夜店的喧鬧。

馬克朗夫婦研究「世界強化理論」時，發現幾個分析報告指出高度自閉的患者也有相同的表現。例如，研究人員請社交與溝通能力不足的孩子觀賞臉、眼睛等充滿情緒刺激因素的照片，發現他們的大腦杏仁核（掌管恐懼、焦慮等情緒的部位）變得極度活躍。「世界強化理論」大多出現在自閉症患者的檢驗，但似乎也能用於理解缺乏社交技巧如何處理與面對情緒。

請回想你與社交囧星人互動的氣氛，是否覺得雙方之間有一種焦躁感，使他們顯得緊張、不安，甚或不高興。但是，你若瞭解人際互動對他們的刺激度較高，就能理解他們造成的焦躁感並非不合理。他們接收情緒的刺激度，就像你在暗處放大瞳孔之後，又突然步入陽光下一樣。

求生本能讓害羞、怕生、慢熟與不擅言辭的社交囧星人開始迴避那些可能帶來強烈情緒的事物，以降低過度刺激。他們迴避別人的視線，不是因為沒有能力好好看別人，或是對當下的談話沒興趣。避免目光的接觸有助於避免接收對方臉部（尤其是眼部）傳來的強烈情緒訊號，如果話題令人不自在、有太多情緒，他們可能就會設法逃避，也可能因為他人的稱讚而不知所措，他們為了沖淡情緒而採取的應對方式可能讓他們顯得冷漠，但他們感受到的強烈情緒無關乎情緒本質是負面或正面，即便年幼如艾麗者，也知道任何帶來過度刺激的情緒，都可能演變成失控的後果。

不幸的弔詭是，因為不自在而造成的尷尬感，就是最強烈的情緒之一，經常讓人的腦袋當機。出糗就像撞上透明玻璃，是意料之外、令人暈眩的恐慌，首先出現的心理反應就是如洪水一般的情緒，在我們還沒看清自己出糗之前，就已經覺得尷尬。但是，尷尬感是一種強勢情緒，令人無法清楚思考自己到底是哪裡做錯了、又該如何彌補社交失誤。

不過，尷尬感也有某些功能，可以幫助你進行調適，只是不擅社交者必須設法釐清尷尬感所傳達的訊息。

跨越人際障礙的道歉之道

達爾文很早以前就從科學觀點解釋人類處理情緒的本能，在「適者生存」的理論下，若是出現危及生存或福祉的狀況，人類必須有能力快速回應。人類遭受掠食者攻擊或爭奪稀少資源的時候，沒有充裕時間進行認真思考。情緒是反射、非自主的，就像醫生用橡皮槌敲擊你的膝蓋，你的腿就會往上踢一樣。同樣地，當你感受到像是憤怒的情緒，頭腦就立刻啟動生理反應，例如充血、肌肉緊繃，好幫助你準備因應威脅。負面情緒的強烈刺激可以讓你更專注因應威脅，例如憤怒使你採取作戰反應，而恐懼則讓你想逃跑。

尷尬也會伴隨強烈的生理反應，例如心跳快速、呼吸急促、肌肉緊繃，但尷尬不像恐懼或憤怒，並非來自於安全和生存資源受到威脅的狀況。尷尬出自於社交小失誤，忘記拉上拉鍊或是以朋友前妻的名字稱呼他的現任老婆雖然都不是好行為，卻不會造成危險，也無邪惡意圖。那麼，為什麼這些看似無害的社交失誤卻能激起強烈的情緒反應？

我們下意識知道太頻繁的社交違規很可能導致被社交圈放逐的後果。因為歸屬感對人類福祉至關重要，所以社交違規的狀況也特別容易引起心理反應。喬治梅森大學的譚妮（June Price Tangney）教授曾進行廣泛研究，發現人在社交犯規之後常出現「自覺情緒」，這些情緒本身有各種不同的功能，包含「糗」、「罪惡感」、「丟臉」，以及我自己加上的「尷尬」。

我曾很討厭自己在出糗的時候會臉紅，凸槌的感覺已經很糟糕了，但漲紅的臉等於公開承認自己的笨拙，只是讓狀況更加糟糕。加州大學柏克萊分校的佛伯格（Matthew Feinberg）曾進行一系列研究，旨在檢視「出糗」是否有社交功能，是否可以讓旁人知道你在乎社交價值，也就是你在乎他人的福祉，基本上不希望造成他人的傷害或不便。佛伯格發現，描述自己的出糗時，看起來越尷尬的人，在他人眼中是越重視社交價值、且值得信任的人。重點是，受測者表示他們比較想跟尷尬程度較高的人往來，也就是說，尷尬情緒明顯的人，社交上比較受歡迎。

另一個與尷尬感相關的情緒是罪惡感。罪惡感使得你為自己的行為感到難過，因而有動機想要修補你造成的傷害，例如道歉、清理打翻的東西，或是賠償你弄壞的物件。這些因應社交失誤所做的反應有助於讓他人知道你對自己的失誤行為有覺知，知道你覺得後悔，並且正在採取彌補措施。尷尬感與罪惡感都可以讓他人看出我們「懂了」，幫助我們為笨拙的行徑做補救。你等於是舉起標語，公告你知道自己違反社交規矩，對造成他人不便感到抱歉。

問題是社交囧星人不見得清楚自己違反了哪一條規矩，有時他們知道自己的行為不太合理，卻不知究竟違反了什麼規則。尷尬的功能是讓我們警覺到正在違規，並警醒一些，以免付出更多社交代價。不過，尷尬與罪惡感的出現，是因為我們自知忽略了社交常規，但卻無法判斷到底是哪裡做錯了。

如果你出糗之後沒有表現出尷尬的模樣，或未試圖彌補錯誤，旁人就無從得知你已意識到自己的錯誤與對他人的影響。有些社交困難者的情緒表徵不明顯，因此在他們造成他人不便，或傷害他人感情的時候，很可能顯得毫無悔意。

知道出糗了才會懊悔，罪惡感能督促你去彌補，尷尬感則能讓你對犯規有自覺，不過，丟臉的感覺很可能造成自尊心跌落谷底、不知所措，因而更難承認錯誤或修補自己行為所造成的後果。我們總能設法面對自己的糗態，但是，一旦因此覺得丟臉，就容易裹足不前。雖然情緒是反射性的，我們通常還是能設法修正我們在出糗時的反應。此外也不妨自問：「眼下的錯誤是否代表我就是個壞人，或者只是個犯錯的人？」

若能明白判斷你的社交失誤只是短暫的錯漏，而無關乎個人的價值，自然就會以更適當的情緒處理狀況。夠幸運的話，你只要紅著臉說聲對不起，就足以讓他人慷慨原諒你最笨拙的行徑。

六種情緒的意涵與因應方式

情緒	代表意涵	因應方式
憤怒	這樣不對。	如果是你造成的，請道歉。如果是誤會，請澄清。如果是別人的責任，你可以說：「抱歉，但你這樣不對。」

焦躁	事情要變糟了。	表現出與對方一樣的情緒狀態，同時表示關心或願意提供幫助。
尷尬	這樣很不恰當。	視情況而定……有時你可以一笑置之：「這沒什麼大不了啦！」有時你可以表示同情：「我也做過同樣的事呢！」
愉悅	出乎意料地好。	別沖淡氣氛，只要跟著一起高興就好。
自豪	這個成就對我來說很重要。	千萬別說：「沒錯，可是…」之類的話，只需說：「真替你感到高興。」
希望	這真糟，但有可能變好。	千萬別澆熄對方的希望，別暗示事情可能會更糟。

善用興趣產生的正向情緒與專注力

艾麗的父母希望我幫助艾麗控制情緒，幫助她適當表達情緒，讓別人懂得她心中的不悅。艾麗的父母知道她每次情緒爆發都會驚嚇到其他孩子，他們最終將因為恐懼而不敢跟艾麗做朋友。病人通常希望心理醫師幫助他們減少憂鬱、焦慮，或憤怒等負面情緒，只是醫師或許認為治療不僅在於降低負面情緒的頻率，同時必須幫助病人利用這些情緒的功能，創造出正面效果。

艾麗既冷漠又有令人融化的可愛，顯然是屬於隱性的社交技巧匱乏。她聚焦式的注意力與情緒表達的異常，都是典型的。她對畫畫極度專注，能深入體會形狀、輪廓、色彩，甚至一般成人都不及。她有許多人一輩子都學不會的才能，例如如何讓人物站姿的角度更恰當與討喜，或透過衣物紋理創造人像畫的景深感。但是，對形狀太過專注就可能忽視了全景，因為她追求目標的能量非常強烈，造成她在希望落空的時候便大發雷霆。

艾麗與我一起合作改善她辨識與管理情緒的能力，我認為應該也可以運用正面情緒的力量，幫助她理解社交場合的全景，也就是她大發雷霆時對旁人造成的衝擊。正面情緒也能幫助你適應狀況，但負面情緒的的功用是促使你「戰或逃」，兩者差異甚鉅。

康乃爾大學的艾森（Alice Isen）與查珀山北卡羅萊納大學的菲德芮珂森（Barbara Frederickson）的研究發現，正面情緒的效用不只是帶來愉悅感。菲德芮珂森提出「拓展與建構」的情緒理論，指出正面情緒可以拓展思考程序，使人更能注意到非屬尋常的資訊，讓意識可以承載更多資訊。有了更廣的思考程序與更多可用的資訊，就有機會發現更具創意的方案。你發現與記住的資訊每多一筆，都能帶來加成效果，相互組合成更多的可行方案。這些創新見解可以幫助你締造專業成就，因而拓展財務或政治資源，也能幫助你以創新方式處理社交難題，因而累積社交資本。

如此，正面情緒可以幫助社交內向的人敞開過於狹窄的專注力。創作能力取決於你是否能以特殊方式結合個別資訊，而正面情緒正可作為催化劑，幫助你融合迥異的想法，這正是創新思考。

雖然每一條規則都有例外，但是能夠創意泉湧的人，才能成功締造創新突破，成為對自己的天份心懷感恩、瞭解自己的能力限制的人，同時具備上進動力，也能以友善的態度累積社交資源，獲得歸屬感。

研究結果也證實正面情緒的長期益處。加州大學柏克萊分校的哈爾克（LeeAnne Harker）與肯特納（Dacher Keltner）曾研究正面情緒的特質與社交生活狀態，他們進行一項目稱為「米爾思縱貫研究」的計畫，追蹤訪問一九五八至一九六〇年自米爾思女子學院畢業的女性，運用聰明的方法研究一個非常直接了當的問題：畢業紀念冊照片面帶微笑的女性，她們的社交生活是否與沒有笑容的女性不同？

畢業紀念冊照片的笑容似乎沒什麼重大意義，又如何用來推測重要的生活狀態？我們跟攝影師或許此生只見這一次面，沒理由對他展露笑容，但還是有人坐上不舒服的凳子、背對大地色的紮染布幕，就在鏡頭裡展現了真摯的笑容。他們或許也帶著笑容鏟雪，帶著笑容塞在尖峰時刻的車陣中唱歌，他們不需要理由就自然開懷。這種開朗的本性或許也有它的奇怪之處，但他們的熱情具有魅力與感染力，讓別人忍不住想跟他們一起鏟雪，或是一起塞在車陣歡唱。

哈爾克與肯特納發現，相較於紀念冊照片沒有笑容的女性，面帶微笑的女性回報較多正面情緒，較少負面情緒，愉悅的人際行為多，能力也較強（例如生產力、責任心），且在研究進行數十年後依然如此。受測者在四十三與五十二歲的時候再接受訪問，微笑女性的個性中仍有較多正面情緒，較少負面情緒，專業能力分數較高，已婚比例、對婚姻的滿意度也都比較高。

研究結果指出，我們若只是專注於改善負面之處，反而錯失了機會。正面情緒不僅能幫助我們脫離負面情緒的泥淖，還能幫助我們形成新的見解，發掘新的社交應對方式，因而建立可長可久的社交資源。雖然不諳交際者較容易顯得冷漠，卻一樣能因鍾愛的事物展現喜悅與熱情，正面情緒對他們來說或許更有用，可以幫助他們拓展狹窄的注意力，認識周遭環境的全景。

從本章討論的資料可知，對社交互動感到彆扭、不自在的人容易顯得冷漠，但或許是因為他們對周遭世界的感應力太過靈敏，因此擔憂自己無力處理強烈的情緒。像艾麗這樣容易情緒失控的人，每當她釋放狂野的負面情緒，她的感覺都像是接受懲罰，最終造成她害怕任何形式的情緒釋放。這類型的人也可能害怕表達正面情緒，當他們因為打到電玩最高等級而興奮不已，或是滔滔不絕談起令他們著迷的數學懸案，都是他們直覺以為可以表達愉悅的時機，但從旁人的反應看來，他們卻會認為自己錯了。

我知道我應該趕緊幫助艾麗控制她的情緒爆發，卻非常擔憂她可能因而也壓抑了其他的情緒，包含她以獨特視角理解周遭世界時的驚喜。我發現，立意良善的大人們不斷要求艾麗別再信手塗鴉、要專心、要趕快，大人總想提醒艾麗做她該做的事。

艾麗其實都很專心，也很在意她該做的事，但是她聚焦式的注意力經常被不尋常的事物吸引，因而做了他人難以理解的事，也許是藝術創作，或是想像力無邊的虛擬故事。小艾麗感興趣的不是在線條內著色，而是用畫筆探索新領域，她也不喜歡重複讀一樣的老故事，而是想像新的故事。

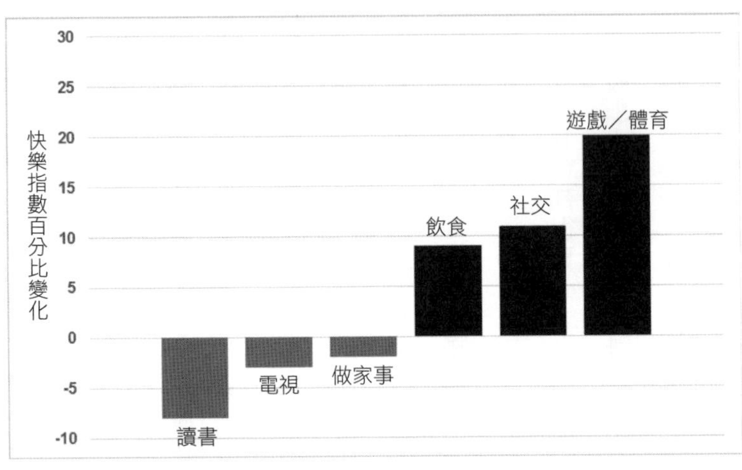

該如何提升正面情緒呢？契克森米哈（Mihaly Csikszentmihalyi）與王瑪利亞（音譯，Maria Wong）進行一項抽樣調查，追蹤日常活動與心情變化的關係，他們發現，遊戲、社交、飲食都是提升正面情緒的活動，也發現與他人一起從事的活動通常都能提升正面情緒。

艾麗和我最後發現，她的情緒爆發都是發生在她沈溺於豐富想像力的時刻，所以大人吼她，催她吃晚餐，或突然把她的畫板搶走，她才會發火。我向艾麗的父母解釋，那就好似你看電影看到關鍵情節，卻突然有人跟你說話，或是你講一通重要電話的時候被人打斷，因此不難理解艾麗被打擾的時候多麼沮喪，不過，艾麗仍須學習恰當表達她的沮喪，而非一股腦兒爆發。

當你的情緒反應違反社交常規

我打開通往等待室的門，看到艾麗就站在門後，她已經等了三天，等我回答她的問題：「泰，你知道你生氣的臉是什麼樣子了嗎？」

上次看診以來的三天，我只要見到朋友就順便問兩個問題：「我生氣的時候有沒有變臉？」、「那是什麼樣子？」我雖然容易出現沮喪或焦慮等負面情緒，但憤怒的生成卻異常緩慢，因此不太能回想自己生氣的具體事例。雖然多數朋友也無法回想我生氣的例子，倒是有兩位非常瞭解我的人說我在發脾氣的時候確實會變臉。

我女友說：「你生氣的臉不太像憤怒，而是『悶』。」我的眼睛不是瞇起來，而是瞪大眼睛、翻轉眼珠，好像正在找東西似的，想知道別人為什麼認為他們可以對我做那些令人生氣的事。我也不噘嘴，而是張嘴，表示我感到不可置信。我親戚說，別人可能以為我是錯愕，而不是生氣。此外我也發現，我生氣之後若不開口解釋生氣的原因，而只是改變話題，當做沒發生過，我的憤怒情緒反而變得更嚴重。

我表演生氣臉給艾麗看，她好笑似地看著我，然後我又表演尷尬臉。艾麗知道她不是情緒專家，但她知道我的生氣臉有點奇怪。她的回應非常圓滑得體，透露了情緒智商的潛能，也讓我很意外。她說：「你的生氣臉不太厲害，不過，你的笑臉很好。」

我們回到辦公室，坐在地板上，輕鬆地用蠟筆在大畫板上面畫畫，我問她自從上次見面以來是否有發生情緒爆發，她說起過去三天發生的三次爆發，她的雙眼低垂，身體有些癱軟，就在她的好心情即將完全消失之前，我點出一個正面發展：雖然她還是會情緒爆發，但至少已開始能辨識自己的情緒。

社交囧星人終究會發現他們無法自然而然就感應到別人的苦惱情緒，有時卻又因為某些不具威脅性的狀況而大動肝火，因此他們必須刻意違反自己的直覺，不能依照情緒反應去取採取行動，有時必須採用第二時間的反應。也就是說，如果發生狀況甲，我的感覺是乙，但多數人的感覺是丙，那麼我應該依據感覺丙來反應，而不是感覺乙。

困難的是我們得思考究竟該忠於自己，或是設法改進自己的某些能力，以求能遵循社會規範。

多數人都無法想臉紅就臉紅，藉此假裝尷尬。你若不知道自己否違背了哪一條社交規矩，就無從採取彌補錯失。當人們的情緒反應與社交習慣所期望的不同，一個有效的方式就是用語言彌補你的表情未曾傳達的訊息，你可以說：「對不起，我剛才沒有把狀況處理好。」或是說：「希望我沒有冒犯到誰，我剛才有點詞不達意。」這個方式並不完美，不過，出現社交失誤時，如果透過類似的語言表達，就能彌補三個當下情緒反應缺乏的訊息：「我沒有惡意」、「我很抱歉」、「我願意彌補」。

負面情緒導致的後果可以透過某些措施去挽救，但我們也可以思考一下，社交囧星人有時顯得缺乏情緒反應，有時又有過度強烈的情緒，這樣的特質是否有其道理所在？或許他們的情緒反應並非有障礙，只是異於常人，甚至可能是為了適應周遭狀況所致。

例如，創業的失敗率極高，新創公司的五年失敗率是百分之九十，餐廳的三年失敗率是百分之六十，科學研發過程亦須反覆經歷失敗，光是想像那有多麼令人焦慮，就足以讓人裹足不前。哪種人願意承擔失敗機率高於成功機率的巨大任務？有誰能夠看到同行不斷失敗而不被壓力壓垮？

或許在某些狀況下，你不吸收身邊的情緒氛圍反而是好的，如果你可以對迅速傳染的恐慌或消沈的情緒無感，反而有益處。並非說只有人際智商低落的人可以勝任高風險的挑戰，他們面對重大失敗的時候也不是毫無負面情緒，但他們異於常人的情緒構造可能是一種絕緣體，讓他們在重要產品發表失敗之後不會陷入恐慌，或是面對媒體惡評也能相對鎮定。

但這類型的人也可能因為看似瑣碎的細節不到位就生氣，因為沒有按照他們的意思準確安排細節就動怒，結果可能因而被誤導，或是變得沒必要的頑固。不過，許多著名的成功案例，包含大型科技公司執行長、米其林餐廳主廚，或是取得重大突破的科學家，他們的共通點就是極度注重細節，而且在他們麾下的船就要沉沒之際仍異常鎮靜。

第五章

即使不擅社交，也能讓人喜歡你

卡爾森獨自坐上老橡木凳子，在圓形劇場的中央，被全球頂尖的物理學家圍繞。幾分鐘後，卡爾森將在這場應用數學研討會發表他最新的研究結果，這份殊榮通常只屬於知名的資深學者，但二十五歲的博士生卡爾森在物理界已有響亮名聲，他近期在重量級科學期刊發表了一篇論文，引起不小的騷動，世界各地的研究者都非常期盼進一步瞭解他的研究工作。劇場逐漸坐滿人，卡爾森開始覺得這場面的重量沉沉地壓在他纖瘦的肩膀上。

卡爾森一頭金黃色凌亂捲髮，藍色大眼睛不斷環顧四周。他穿著半正式的服裝，牛津衫與長褲在他身上總顯得尺寸太大似的，那模樣像是隨時都可能被找碴的青少年。雖然外表像個男孩，但他科學頭腦的成熟度卻遠超過他的年齡。卡爾森的社交技巧匱乏非常粗糙，他的觀察敏銳，但在表達自己的想法時總是過於直白，因而在多數人眼中是個恣意妄為之人。

我算是少數瞭解卡爾森的人，我們在大學一門音樂欣賞課裡認識。他常從數學角度評析音樂，非常精闢，但其他同學只想輕鬆拿個學分，因此他的言論常只換來同學翻白眼。我想卡爾森是出於一片好意，卻無法把好意傳達給他人。多數人只認為他無禮，甚至惡劣，而我完全能理解別人的看法。卡爾森大約也知道別人認為他說話不懂轉個彎，但他似乎覺得不能把時間浪費在客套話上面，也不能為事實包裹糖衣。他重視做事，而非做人，這種處世態度造成他二十五年的孤單。

在物理系主任一番盛讚的引言之下，卡爾森被介紹出場，他站上講台，按下電腦鍵盤的空白鍵，開始進行簡報，他回頭確認身後的全幕投影，看到一排全部大寫的紅色字體，那是他自定的標題，針對觀眾席中可能不懷好意的人，來個先發制人：

「你以為你懂得地心引力，那你就完全錯了！」

等他回頭，才發現觀眾數量真的非常多，他知道這些人恐怕不容易被說服。多數人在這種情勢之下，很可能焦慮破表，手足無措，但卡爾森的緊張卻轉化成更強的意念，他決心要讓觀眾超乎預期。這是一種少見的殺手本能，卻也是卡爾森這類人的本能之一，他們渾身上下都是非凡的才能與專注的野心，一身無限潛能的氣場讓他們有種魅力，讓你期待在某一天，他們就會一飛沖天、締造偉大創舉。但對卡爾森而言，今天並不是那一天。

在研討會舉辦時的二〇〇二年，電腦病毒幾乎無孔不入，作業系統被病毒攻佔的狀況時有所聞，木馬程式又特別猖狂，潛入電腦之後可以蟄伏數日再發動破壞性攻擊，或是瘋狂在螢幕上跳出大量視窗。我想卡爾森的電腦當時必定感染了木馬程式。

當他進入下一張投影片，準備提出假說時，潛伏的木馬程式此時開始進行第一波攻勢，網路瀏覽器自動開啟，跳出一個視窗，一名裸女把護士服拋在滿臉驚訝的病人頭上，字幕寫著：「淘氣護士！」幾秒鐘後又跳出另一個視窗：「亞洲風情！」第三個視窗：「三人行！」第四、第五個……

卡爾森不是個懂得接收社交訊息的人，但即便是他也注意到觀眾席的非語言訊息出現了集體性的轉變。人類臉部表情的共通性在此展露無遺，不論是龐克搖滾大學生或是古板的資深教授，全都目瞪口呆、雙眉緊蹙。螢幕上繼續跳出視窗，某些觀眾沉入座椅，某些人僵直起來。卡爾森回頭看看螢幕，剛好是第十七個視窗：「發情女大生！」

卡爾森楞了幾秒鐘，完全不知所措，然後抓住滑鼠，急忙想關閉視窗，只是為時已晚，就像是砍蛇髮女妖的頭一樣，每砍一次就多生出兩、三個視窗，色情圖片像煙火一樣連環炸開，焦急的卡爾森最後只能投降，此時，螢幕畫面瞬間消失。

卡爾森看看坐在講台左邊的指導老師，一位備受尊崇的物理系榮譽教授，手上抓著電腦與投影機之間的連接線。大家都知道這位教授無法忍受愚蠢行為，他怒目直視卡爾森，逼得卡爾森不得不也看著他，就在他持續瞪著卡爾森的同時，觀眾則盡量避免看著卡爾森或其他任何人。只是那是個環繞式的劇場，場面著實尷尬。

教授只問了一個問題：「你不明白這到底是怎麼一回事嗎？」這是卡爾森此生被問到最有幫助的一個問題，將成功引導他在與人互動時，能夠變成討人喜歡的人。

社交腦不發達的人，無法讀懂他人心思

人生一大樂事就是認識能真正懂你的人。懂你的人不僅能體諒你的怪癖，甚至會因此覺得你可愛。當別人都不欣賞你那不恰當的笑話時，懂你的人卻會發出爆笑。他們會寄生日卡片給你的貓，因為知道你愛貓愛得過頭了。他們會從你的視角看世界，把你的喜悅與哀傷當成自己的心情，有時比你還早知道你其實在想什麼。懂你的人也是你最想親近的

人，因為他們瞭解你的好、壞、怪，卻依然愛你，還有什麼比這更令人快樂？相對之下，當人被誤解的時候就會覺得受傷或不悅。青少年和父母就是兩個典型容易彼此誤解的族群，父母總會聽到孩子說：「你根本不懂！」

以心理學家的語言來說，當有人懂你時，就是旁人準確建立關於你的「心智理論」（theory of mind），意即對他人的想法與感覺（心智），發展出一個有組織與條例的框架（理論），進而擁有理解他人的能力。隨著人們彼此更深入瞭解，對對方的心智理論也會變得更精細與準確，因而能預測對方可能有什麼想法，或是在某些狀況可能有什麼感覺。

心智理論有些類似小說或電影的角色塑造，觀眾或讀者能從角色的衣著風格、習性、對壓力的反應等細節逐漸理解角色的個性與理念，例如眼神總是快速移動，做簡報故意下個挑釁的標題，字體還選用紅色，觀眾就能知道這人既急躁又強勢。

人生的故事總是不斷開展，我們天生就會對結識的人建立心智理論，並試圖解讀他們的心理狀態，以更深入瞭解其性格與價值觀。好似我們都是科學家，對身邊每個人進行個案研究，不斷觀察他們的行為，建立心智理論，判斷是敵是友。

擅長社交的人可以快速形成心智理論，幾乎是下意識立刻達成結論，瞬間將數十筆社交訊息進行分類，然後又快速將訊息歸納成模式，如此直覺判斷某人是高興、生氣，或不耐煩。他們一天當中就能多次建立心智理論，並據以調整與人互動的方式，以符合當下的氣氛。例如，週一晨會剛開始幾秒鐘內，他們就可以判斷老闆是否生悶氣或感覺消沈，並決定當天是否適合提出年假申請。

卡爾森的學術腦可以快速篩選資料，將觀察結果與現存物理理論或演算法結合在一起，並且不需要紙筆或計算機就可以進行運算，就像是天生的本能。但他卻無法掌握正確的社交訊息，也無法有系統性地運用這些資訊以判斷旁人的想法。

不過並非只有他一人如此，多項研究都指出這類的社交囧星人較難建立心智理論。新南威爾斯大學的帕瑪（Colin Palmer）與研究團隊從美國人口取樣超過兩千位成人，研究社交技巧匱乏與心智理論之間的關聯。帕瑪發現，社交方面相對笨拙或不自在的人比較難以建立關於他人意圖、想法、感覺的心智理論。

羅患社交尷尬症的人就如何處理社交訊息這方面來說，難以建立心智理論並不令人意外，他們看社交互動就像看艱澀電影一樣，若無法建立心智理論，恐怕也不能與人有持續性的互動。因為他們不能有系統地理解對方與自己互動時的心理狀態，即便已經曾與對方有過多次溝通或對話，每次見面卻依然覺得陌生。

社交能力強的人可以接收與人互動的訊息並整理出模式，立刻判斷出旁人的心理狀態。請看以下八年級代數問題的思考實驗，這個方程式顯然是要我們把右邊排列整齊的數字加總之後，得出左邊X的數值。如下：

（x＝3＋2＋1）

（x＝6）

右邊的變數之一若是未知數：（x＝3＋2＋c），方程式就無解了。同樣的，社交囧星人的社交困境就來自於社交場合的未知變數，他們很容易就錯失重要訊息，經常忘記應該從旁人的表情尋找訊息。此外，他們也不是天生就懂得如何解析對方說話的語調，藉以釐清他人的想法或感覺。不過，如果有人提供X的答案，他們就能從反方向解答：（6＝3＋2＋c）。

第二個方程式可能無法一眼看透，因為未知數C的存在，便不似第一個問題那樣簡潔明瞭。此時若有人知道X的數值，那麼只要花一點功夫思考，就能解出方程式。同樣地，因為不擅應對人際關係的人常錯失重要社交訊息，且這些訊息對他們的大腦來說並不簡潔明瞭，所以他們若想要瞭解旁人的想法，就得花多一點時間拼湊社交訊息。所幸研究人員已經得出一般社交互動都遵循的X因素，因此即便是木訥寡言、害羞被動的人，也有機會可以與其他人一樣得出相同的結論，只是解答的過程不同。

「討人喜歡」的特質

你若有讀心的超能力，會發現最討人喜歡的人都在想什麼呢？第一件該做的事就是判別正確目標，因為討人喜歡和受歡迎並不一樣。發展心理學家對「討人喜歡」的定義是某人在他人眼中的配合度與和藹可親的程度，而「受歡迎」則是某人被認為具有影響力與權力。研究人員分析國中生與高中生的社交觀念，發現討人喜歡與受歡迎並沒有太多關連。

受歡迎與討人喜歡的人通常都擅長社交，追求「受歡迎」的人會運用讀心的能力來強化自己的社會地位，或是維護他們在社會階層的上層位置。相對之下，討人喜歡的人則多半是運用讀心的能力來確認自己有公平且合作的行為舉止。換句話說，想要受歡迎的人面對社交場合的心態是：「這對我有什麼好處？」而討人喜歡的人則是：「我能有什麼貢獻？」

以受歡迎為動機的人大多注重短期的社交利益，為了拓展權力還必須支付社交資本，他們採取的策略多半得消耗社交資本，例如耍心機、八卦，或是為了私利而貶低他人。另一方面，雖然討人喜歡的人不見得有最高的ＩＧ追蹤人數，也不見得能被選為返校日國王或皇后，卻常是快樂、自重的人，交到的朋友也都比較可靠。「討人喜歡」就像是透過投資績優股來奠定經濟基礎，而「受歡迎」的投資標的則是高風險、缺乏永續經營策略、卻是當下最時興的公司。

如果討人喜歡的人比較能得到可長可久的感情，那麼不妨探索他們腦子裡都想些什麼。普渡大學的伯恩特（Thomas Berndt）終其一生研究人類如何建立並維繫友情。他從過去的研究報告發現，討人喜歡的人對友情的觀點特別不同，並且也會影響到他們的社交觀念與行為。如果你在臉書或ＩＧ搜尋「#友情」，可以輕易找到數以百計的溫馨貼文，敘述哪種人才是值得交往的好朋友，不過從實際經驗得到的答案卻相當簡單明瞭，討人喜歡者具有三項核心價值：公平、善良、忠誠。

「公平」是孩子成長過程首先習得的社交規矩之一，包含輪流玩遊戲、一起使用大家都喜歡的玩具等，重點都是「平等」。如果某個孩子連續玩兩次，或是霸佔太多好玩具，可能會讓其他孩子哭鬧或發脾氣，因為他們所認知的公平原則被侵犯了。長大成人之後，某些具體事務仍須遵守公平原則，例如輪流洗碗盤或選擇電視節目，但成人的公平原則可能較為複雜，彼此交換的東西或許是抽象的概念，例如別人對你有同理心，你也以同理心回報；或是曾經原諒你的人，你也同樣能盡釋前嫌。如果你的朋友、同事、交往對象無法同等回饋你付出的同理心或體貼，你可能就會厭倦對方。

孩子們最終會瞭解人際關係並非只是你一來我一往的互動，他們發現「我可以幫你抓背，但除非你也幫我抓背，否則以後我就不再幫你抓背」這樣的道理其實是有限制的，於是開始主動超越公平原則而付出更多，他們會說：「你先吧！」或是：「這個最好的玩具給你玩。」他們懂得以一點犧牲促進人際關係，表達他們願意為團體中的他人謀福祉。善良的人願意先做無償付出，並預設別人也會尊重公平原則。善良者的因果觀念是：當每個人都主動付出，就能促進團體內每個人的利益。

別人若超越了我們的公平標準，我們就會心生感激。因為有「感激」的情緒，我們便特別注意到這些超越期待的人，並產生回報對方善舉的動機。北卡大學的社會心理學家雅爾果（Sara Algoe）發現，心存感激的人通常會加碼回報，他們的行為或許是求取平衡，但當你的付出超越對方預期，也會被視為善意行為。「感激」能創造越來越多的善舉，我們回饋他人善舉的時候，對方也產生感激之心，因而又促使他們付出善意回報。

「善良」同時也衍生出討人喜歡者的第三項特質：忠誠。友誼存在於一個開放市場，你大可隨心所欲與別人建立或切斷關係，但忠誠的朋友卻在困難時期依然不離不棄。當人生陷入逆境，不論是工作低潮、被男友拋棄，或是遭到朋友排擠，再優秀的人也可能對自己的價值產生懷疑，就在你自我貶抑之際，某些朋友卻不改變對你的評價，甚至對你付出更多。就短期而言似乎不合乎邏輯，因為雙方付出的友誼並不平等，但忠誠背後的邏輯並非永遠清楚明瞭。

以下是忠誠的朋友對你的信任：他們認為你對他們的生命也有特殊貢獻；他們珍惜你的原因不是外在的財富、地位、權力等因素；他們相信你可以度過難關；他們相信你克服困境之後會變成更好的人；他們不只相信現在的你，還相信未來的你。忠誠的友誼是世間難得的福報，忠誠的朋友不離不棄對你做長期的投資，只因為你是你。

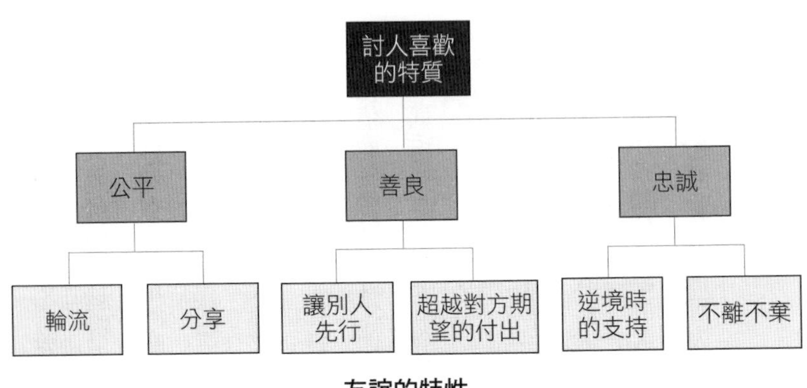

友誼的特性

如果我們有讀心的超能力，就能看出討人喜歡者的心思都圍繞著三個正面社交價值：公平、善良、忠誠。這是從經驗主義的角度解讀友誼，我們還能從性靈或文化傳統等角度出發，或許能得出不同的友誼定義，但上述三個價值似乎能夠跨越各個文化的性靈或宗教傳統。

當不擅人際關係的人試圖瞭解別人心裡正在想什麼時，不妨將這三個核心價值視為逆向思考的途徑，除了從個別訊息拼湊出他人的意圖或言外之意，不妨預設討人喜歡的人就是以這三項標準評估我們，而他們的行為也是意在體現公平、善良、忠誠的價值。

不是每個人都是一心想要被喜愛，某些人的驅動力是權力或貪婪，或意圖利用別人的善意，這樣的情況就複雜許多，需要更謹慎對待。

霸凌者其實擁有高明的社交技巧

霸凌現象存在於所有年齡層。典型的遊樂場霸凌者會把排隊中的孩子一把推開、偷同學的午餐費，或是取笑別人的不同之處。到了青少年期，霸凌者可能當眾羞辱地位較低的同儕，或是造謠中傷地位高於他們的人。即便到了成人時期，仍有霸凌者強取豪奪，利用他人獲取私利，或是欺侮弱者。職場霸凌協會（Workplace Bullying Institute）的調查報告指出，百分之三十五的員工曾在工作上遭受霸凌，另有百分之十五的人曾目睹職場霸凌。職場霸凌的定義是重複出現的不當對待方式，包含威脅、羞辱、破壞工作成果等行為。

無論哪個年齡層的霸凌者，可怕的是他們並非笨蛋。研究指出霸凌者的讀心能力優於平均，能夠運用社交能力操弄他人，以取得自身的利益。帕多瓦大學的吉尼博士（Gianluca Gini）曾測驗霸凌者的道德推理能力是否較差，想知道他們分辨對錯的能力是否不足。吉尼博士的研究團隊抽樣調查七百多位九歲到十三歲的孩童，分別調查霸凌者、受害者，以及反抗霸凌者的道德推理能力是否有差異，最後發現霸凌者的道德推理能力與反抗霸凌者並無差異，這兩個族群的能力都高於受害者，不過，霸凌者的同理心分數明顯較低，他們認為自己的利益比受害者的心理傷害更重要，藉此將不道德的行為合理化。

霸凌者運用社交能力，挑選較不可能反擊的人作為目標。華盛頓大學的庫克（Clayton Cook）與加州大學河濱分校合作，以一百五十三項研究結果進行統合分析，檢視數十項遭受霸凌的高風險因子，包含性別、種族、自尊心不足，以及高壓力家庭環境等。雖然許多因子都與遭受霸凌有關，但排名最高的是低社交能力與低同儕地位。很不幸的，社交囧星人的社交能力與同儕地位都比較低，霸凌者雖然也不見得受同儕喜愛，卻擁有相當程度的社交能力與影響力，通常也很瞭解社交動態，並且能夠選擇性的施展魅力。

社交技巧匱乏的孩子面對一般社交習俗就已經很困難了，若要對抗霸凌者擅長的耍心機，很可能完全招架不住。霸凌者採用的騷擾方式經常刻意落在對與錯之間的模糊地帶，因此缺乏社交技巧的孩子可能並不會抱怨自己被霸凌，因為他們並不確定自己是否受到不當對待，更不確定該怎麼做。

霸凌受害者若有幸獲得俠義者的仗義執言，也必須懂得感激俠義者因此負擔的社交風險。德州大學醫學中心的薛吉瑞（Rashmi Shetgiri）訪查三百五十四位六到十年級的學生發現，為他人出頭去對抗霸凌，自己被霸凌的機率將大幅增加。也就是說，你能為他人出頭的次數有限，否則自己也會開始遭到霸凌。霸凌受害者必須知道俠義者是有選擇性的為他們付出社交資本，不能持續依賴俠義者不斷自行吸收社交成本，而必須設法強化自己的社交能力與同儕地位，但這說的比做的容易多了。此外，為了公平與感恩起見，受害者最好能適當地報答俠義者，或至少私下表示感激。

成人的世界依然有霸凌的存在。小時候是霸凌者雖也可能在長大後改變，但許多研究指出，有霸凌行為的孩子在成年之後依然是霸凌者，成為職場中擅於操弄他人的主管、情感上凌虐他人的伴侶，或是以偷盜、侵略等行為獲取利益的罪犯，嚴重者可能成為反社會者，專事利用他人的善意來獲取私利，傷害他人也毫無悔意。雖約只有百分之一的人可被診斷為反社會者，但自私自利者佔總人口的百分之十到十五，某些人的個性就是傾向於自我中心、貪婪、權力慾旺盛，總是算計著從他人手上奪取不屬於自己的好處。

霸凌者的行為很可能造成你的嚴重損傷，一心願意善良與忠誠的人自然必須謹慎付出信任，但也不能因此變得過於警戒，或是對人性抱持太過悲觀的看法，尤其是經常遭受霸凌的不擅社交者。我們不難理解何以長期被霸凌的孩子可能因而冷淡對待他人，或是因為過度自我防衛而主動出擊，若是建立這種全面性的防衛措施，即便對方是好人，你也無法與他們建立關係。想要同時保護自己，又願意承擔受傷的風險而付出善意與忠誠，這對無論是否擅長社交的人來說，都是困難的課題。

若希望在自我保護與付出善意之間取得平衡，風險較低的方式就是在結交朋友初期節制利他與仁善的行為。善良與忠誠的人可以透過這樣的方式保護自己，同時也能與值得相交的人之間逐漸產生利他與感恩的良性循環。

你與他人的「情感銀行」有多少存款？

華盛頓大學的高特曼（John Gottman）以數十年的時間觀察夫妻與小學生的正面與負面的行為，情感關係研究者大都專注在研究負面行為，例如嫌惡、逃避衝突，但瞭解人際互動的關鍵在於正面行為與負面行為之間的比例。正面行為可能是很小的動作，例如稱讚對方很帥、專心聆聽朋友描述當天的小成就，或是幫同事買個她最喜歡的杯子蛋糕當做驚喜。

高特曼發現人們會私下計算他人的行為，他將正、負面行為的比例形容為「情感銀行」。若要持續維繫人際間的良好關係，正、負面行為的比例必須是四：一或五：一，設想你在與朋友互動的時候做了四件好事：熱情打招呼、稱讚對方的衣著、請他一起吃你的薯條，並且以同理心認同他描述的擔憂，但你卻忘了當天是他的生日。你跟他之間的情感銀行在這次的互動之後，結餘可能是0，其實是不錯的結果，想想你若不是在互動的時候對他那麼好，很可能就是赤字了。互動結束之際的結餘不是負數，就足以讓人鬆口氣，因為情感銀行的戶頭可是有利息的。

高特曼發現，別人並不會忘記赤字，而且直到下次與你互動之前都會一直記著。如果在互動結束的時候，情感銀行戶頭是赤字，那真是壞消息，若還有結餘，就是大好消息。帶著赤字結束互動，可能造成對方心中持續累積嫌惡感，就像是感情債繼續生利息。所幸互動結束之際若有正面結餘，就能持續強化信任感，就像是存款生利息一樣。

如果你總想著要幫助別人，而非從別人身上得到利益，你與他人的情感銀行就會產生正面結餘。長久下來，正面結餘持續強化信任感，最後對方就能肯定你是個好人。重點是你的付出必須不著痕跡，例如祖父母給的生日卡片若附上一張十美元鈔票，多數人都會覺得感動，如果是一張一萬美元的支票，可能就有些令人不知所措。不著痕跡的存款或許只是在道謝的時候說得更具體，或是在自助餐大排長龍的時候禮讓別人先行。除了當面累積存款之外，現在還有更簡單的「行動支付」，例如朋友大考當天發簡訊鼓勵，或是在共進晚餐之後加碼發訊息說：「很愉快！謝謝你！」

來自好友與師長／父母的前五大支持

好友	師長與父母
1. 瞭解我的感受。	1. 在我感到困惑的時候幫我釐清狀況。
2. 其他人都背棄我的時候依然挺我。	2. 努力回答我的問題。
3. 我犯錯的時候接受我。	3. 公平對待我。
4. 我搞砸的時候安慰我。	4. 在我想上進的時候幫助我。
5. 我孤單的時候陪伴我。	5. 在我表現良好的時候稱讚我。

資料來源：北伊利諾大學研究人員彙整來自於一千六百多位小學、中學、高中學生的資料。這些學生都認為忠誠與陪伴是來自好友的最重要的支持，師長與父母給予最重要的支持則是在需要的時候提供建議，以及在表現良好時給予讚許。

現實的狀況是，社交囧星人很容易就從情感銀行提款，他們經常搞砸社交小細節，例如背著大背包在校車上轉身坐下，卻不知道背包打到同學的頭，或是不慎把驚喜生日派對告訴壽星。這些笨拙行徑都不是刻意為之，也無惡意，卻仍是負面行為，別人即便嘴上沒說，心裡卻會在情感銀行小額扣款。

因為常有意外、不慎被扣款的狀況，他們更有必要努力維繫正面餘額，持續不斷做小額存款，使自己在別人心中盡量維持在正數，就像每個月付保費一樣，買好社交保險，而不應讓自己只是個老是搞砸社交細節的人。

不論社交技巧好壞，當我們年紀漸長，大多不會再那麼在意表面的價值，而是以公正、善良、忠誠的特質去衡量他人。只要別人覺得你願意努力付出，他們也就願意忽略你的一點點笨拙與神經大條。無論是面對家人、朋友，或是伴侶，只要能設法做出正面貢獻，就能創造可長可久的社交資產。

被他人認定好意或惡意之後的社交成果

心態	符合社交常規	違背社交常規
在乎	可愛	笨拙尷尬
不在乎	耍心機	心懷惡意、輕率魯莽

你的鋒芒必須有點善良

教授手上握著投影機傳輸線，繼續瞪著卡爾森，等待卡爾森回答他的問題：「你不懂為什麼嗎？」卡爾森說：「我不懂，我不知道到底是怎麼回事，可是我真的很抱歉！」卡爾森的回應讓教授不致於對他徹底失望。教授是一位明智的長者，多年來指導過許多天賦異稟卻有社交障礙的學生，對此已經相當有經驗。雖然教授不在意卡爾森不擅長社交，但他並不認為卡爾森自顧自的行徑只是因為缺乏社交技巧，而是刻意的自私。卡爾森一心專注想成為學術明星，意味著他並不知道自己能對旁人做出什麼貢獻。教授發現他不太願意協助同儕，對待系內行政人員的態度也有些無禮，因此，病毒事件是卡爾森不斷從他與教授的情感銀行提款之後的最後一根稻草。

我猜想教授應是看到了卡爾森的善良本性，知道他的粗魯只是一種自我保護裝置。從就學初期開始，卡爾森就是個不擅長處理人際關係的孩子，是個獨行客，也經常遭到霸凌。他跟許多「社交卡卡」的人一樣，都曾努力試圖融入群體，但不論他多努力，仍弄不懂同儕對他的期望。大人們總是好意告訴他：「你別理他們。」或是：「有一天你功成名就了，他們都還只是在煎漢堡肉而已。」但是，不理霸凌者也沒用，他們還是會糾纏不休，而且當你告訴受害者只待某天勝過霸凌者，也會灌輸一種敵我意識。你說受害者比其他孩子優秀，等於暗指學術或專業領域有成就的人就是好人。缺乏交際手腕者通往充實、幸福人生的最佳途徑，並非是超越同儕的專業地位，能否真正快樂，最終仍在於你是否持續努力保持包容心與正義感，即便他人並非如此也不改初衷。

卡爾森上大學之後，因為種種原因而轉運了。跟他抽中同一寢室的室友非常善良，是真心喜歡卡爾森的聰明與機智，在實驗室也有一群高年級研究生接納他，他因此有機會盡情討論物理，而且聽眾不但不感到無聊，還會聽得入迷。他覺得周遭的威脅感降低了，人也自在許多，因此變得比較討人喜歡。

然而，卡爾森很快就發現，在名校名系面對的競爭非常激烈。那是個狗吃狗的世界，當高年級研究生發現了卡爾森的天份，便開始排斥他，怕他會威脅到自己的學術地位。他們因為不安而採取的行為，像是重現了卡爾森兒時在遊戲場被戲弄與貶抑的夢魘。卡爾森很快就又重新築起心理保護牆，站在自我保護的立場，開始專注讓自己的研究工作更具競爭性，卻因此疏離了身邊的人。研究工作固然重要，但他也必須努力才能成功，但短視的專注與旺盛的野心幾乎淹沒了他，他變成一點也不可愛的人。

教授知道卡爾森完全無意在研討會讓他沒面子，卻也知道這一步差池可能對卡爾森的名聲有嚴重影響。卡爾森與系內多數人的情感銀行餘額都是負數，恐怕無法再承受這次打擊。卡爾森若是受同儕尊敬的好人，見證慘劇的觀眾只會覺得當時的尷尬是意外狀況，並歸咎於防毒軟體。但卡爾森沒有社交保險，教授知道卡爾森如果不刻意努力討人喜歡，便無法建立起必要的人脈，因而無法全然發揮專業能力。

這場災難過後，卡爾森非常努力思考他「不懂」的事，最後的結論是：他懂物理，但他不懂人。長久以來第一次，他試著以別人的眼光看世界，設想他人被問到自己不懂什麼的時候，他們會說出哪些答案。卡爾森出自於正念，開始在系內進行社科調查，訪問研究所同學有什麼「不懂」的事。有些人不懂高階統計學，某些外籍生不懂英文的微妙意涵，他們雖然沮喪，但弄不懂高階統計學的人可以尋求課外輔導，英語為第二外語的學生寫論文的時候則頻繁去寫作實驗室尋求幫助。卡爾森在宿舍整理訪談結果，試圖研究出一個理論，他意識到同學們都想方設法弄懂他們不懂的事，但他卻不曾採取任何措施去弄懂「如何與他人相處」。

卡爾森努力檢討自己的態度，首先就是去教授辦公室，好好地再度道歉一番，然後請教授「坦誠、無保留」的評論他到底不懂什麼。卡爾森認真做筆記，教授也詳細解說何以卡爾森不能矇著眼睛度過研究所或專業生涯，因為科學是一門群力合作的學問。他舉例說明許多偉大的科學發現都是團隊合作的成果，或是因為科學家能夠以開放態度接受與自己截然不同的見解。卡爾森聽懂了教授的詳盡說明與這些具體案例，離開的時候，他與教授的關係已有所改善，他也決心改變自己在研究所追求成功的方式。

卡爾森原本希望透過學術成就改善社交關係，卻發現百分之九十九的人都不以他的專業能力或論文發表記錄來決定他是否討人喜歡。他的錯誤想像其實也不難理解，因為他天生就擅於理解物理的理論，但他發現即便是很小的動作，例如協助同學做實驗，或是在同學參加馬拉松賽的時候去加油，在他人心中形成的正面印象遠遠超過專業領域的地位或權力。他轉而採取「奉獻第一、私利第二」的態度與他人互動，這聽來像是常識，某些人卻永遠無法做到，即便是好人有時也會忽略這一點。

卡爾森做博士研究的最後一年，我有機會在校園遇見他，我們從大學畢業後就不曾見面，他的社交技巧匱乏程度一如過往，不過，他帶我參觀系所的時候，我能看出他的人緣很好，有些人顯然非常喜歡他。卡爾森瞭解到，朋友之間的吸引力並非來自於你的傑出成就，而是就長期看來真正重要的社交價值。卡爾森決定成為公平、善良、忠誠的人，也因此變成更有價值的人，並吸引到具有同樣價值的朋友。

第二部

想到與人互動，就渾身不自在

第六章

幫孩子建立社交自信

國中的最後一年，我的學科成績嚴重落後，在田徑隊也是低於水平的兩哩賽跑者，社交方面更是一籌莫展。最後一學期的某個晚上，我父母宣布一個「爸媽兩人共同的決定」，意思就是沒有商量餘地的行政命令。他們決定避開多數國中同學即將升學的高中，送我去另一所高中讀書。我提出身為叛逆青少年應該提出的抗議，但心裡也知道轉換環境或許有機會讓我從泥淖中脫身。

我已經知道專業與成熟度不是在國中校園受歡迎的因素，所以不想再積極準備因應高中社交生活。入學之初，我跟其他同為社交囧星人的同學一樣，只想避免被霸凌，然後交幾個可靠的朋友。因為運氣還不錯，情況比我預期的好一些。有一位童年時期的朋友，現在已經是個六呎四吋的十五歲小大人，他是足球隊的明星，跟我共用一個櫃子，對我非常好，把我納入羽翼之下，球隊進攻線的隊員也因此對我友善。我的運勢突然好轉，從一個沒有社交資產、時時可能被欺負的瘦小子，變成一個取得社交資產貸款、受保護的瘦小子，就高中的標準而言，算是長足的進展。

雖然社交生活相當順遂，但我在課堂上的表現依然拙劣。多數老師並沒注意到我，我只是個行為相對良好、但功課差的學生，老師有更嚴重的問題得處理，但我對功課的輕忽卻躲不過化學老師銳利的眼光。Z老師在開學第一天就告訴我們，他以「Z」稱呼自己是因為無法容忍學生唸錯他的東歐姓氏。傳言指出，Z老師在高中教化學的二十五年之間，全都穿同一套衣服：針織背心、漿過的襯衫、卡其褲、刷得晶亮的牛津鞋。他總是非常準時，從不放電影或請大家自習。在科羅拉多州，他是熟齡組數一數二的鐵人三項運動員，在「怪咖」仍是貶抑詞的時候，他就已經自稱怪咖。他不擅社交，但這點並不引人注目，因為更顯眼的是他對自己與學生的嚴格要求。在多數高中生眼裡，他的理念實在太超過了。

某天，Z老師打電話到家裡給爸媽，說我的化學成績雖然是C+，卻已經「陷入危機」。沒錯，我的成績確實不好，但還不致於不及格。Z老師通知我必須在課後留下，把做錯的化學功課重做一次，直到我能發揮潛能為止。我氣極了，我怎能錯過課後與同學交流的時間？我在人際關係領域的表現正在進步，Z老師的拘留令必將嚴重侵蝕課後社交互動的關鍵時刻。

第一次跟Z老師做課後輔導的時候，才發現我是唯一被懲罰的人。我在黑板上解題，手中的粉筆幾乎拿不穩，因為我氣得發抖。我一邊填入數值、解方程式，粉筆屑一邊像火花般噴飛，只要做錯就聽到Z老師說：「粗心的錯誤！」我瞪眼、張嘴、歪頭、臉頰發燙。

一個週五下午，我因為化學拘留令而無法參加同學在山上家中舉辦的週末聚會。對高中生來說，錯失這種社交機會就像碰上世界末日一樣。父親來學校接我的時候看到我一臉憤怒，他完全知道我正在想什麼：「如果不是Z老師，根本不會有這種事。」父親是我就讀的高中的副校長，認識Z老師很多年了。他認為我有必要知道事情原委，才能體會Z老師的用意。他問我：「你知道嗎？Z老師直到青春期的成長期間並沒有爸媽的陪伴。」

我不知道。同學們也只知道他對化學的狂熱，以及他自稱怪胎。父親說Z老師在東歐的孤兒院成長，三歲的時候被一對美國夫妻領養，約兩年後，養父母卻決定無法繼續撫養他，他的童年便在好幾個寄養家庭度過，到十三歲才被一對年老的夫妻永久領養，他們都是成功的科學教授，並不認為Z適應不良，反而看到他早慧的科學能力，只是學校功課讓他感到無聊，所以應該給他一些結構明確的導引，讓他把旺盛的精力投向正面的事物。

養父母提供了規律的生活方式，正是他迫切所需，他也很喜歡在晚餐時間聽父母說科學發現或傳奇科學家的故事。他以第一名從高中畢業，還是長跑州冠軍，取得海軍官校入學資格，主修科學，畢業後的軍官生涯也能快速升遷，以工程師的身分參與多個重要軍事裝備開發案。簽約役期結束後，他大可繼續留在海軍往高階職務發展，或是接受國防廠商的高薪工作，但他卻決定成為老師，以便能夠培養像我這樣只想低空飛過的學生。

說完Z老師的故事之後，父親猜想我為什麼被留下來輔導：「Z老師對你這麼嚴格，是因為他擔心你的未來。我知道你不喜歡化學，我知道你對科學方法或統計學沒興趣，但你必須瞭解Z老師就是透過科學才得到更好的生活，所以這是他幫助你的方式。」之後幾星期，我不斷思考著Z老師的故事，對拘留令不再那麼憤怒，也好奇Z老師這樣的人何以有如此高的成就。我思考關於「先天才能」與「後天努力」的老問題，以及Z老師的天資和養父母的影響是以怎樣的比例塑造了他的人生。多年後，我在研究所攻讀心理學，才知道答案並非兩個對立的因素，基因的影響、生命中的人產生的心理影響，這兩者之間其實是一直持續不斷相互作用。

父母裝酷，孩子裝成熟，家人之間相處真尷尬！

我輔導的青少年常說：「我爸媽常把狀況弄得很尷尬。」這裡的「狀況」指的是爸爸參加棒球賽時的衣著、媽媽對老師的叨擾，或是同學來家裡的時候，爸媽刻意裝得很酷。當我聽到這些故事，總是先給予認同，黑襪子配短褲確實很糟糕，故意在同學面前說「哥兒們（homey）」跟對方裝熟確實都很令人尷尬，但我也問他們：「你覺得，你的行為有沒有讓爸媽也覺得尷尬過呢？」

在青少年面前提出這種反思的問題，其實有些冒險，但我發現他們很欣賞這一招，並且覺得很有趣似的，開始回想爸媽在哪些狀況必定很尷尬，例如他們選給全家觀看的電影最後意外出現很長一段露骨的性愛場景。輔導時間結束時，我和他們之間通常可以得出一個結論：家人相處本質上就會尷尬。

家庭生活必然會出現令人尷尬的時刻，就每個人應該遵守的規矩而言，現代家庭更面對特殊的挑戰。加州大學柏克萊分校的郭普妮克（Alison Gopnik）是兒童發展的重量級學者，她在一場心理學協會提出家庭成員互動規則的轉變，見解十分精闢。人類歷史上，家庭是大家族的一部分，通常比鄰而居，甚至屬於同一門戶，所以孩子們的教導不僅來自於父母，還包含叔伯姑嬸、祖父母，以及兄姊或堂表兄姊。此外，孩子成長的過程也必須幫忙照顧年紀較小的弟妹或親戚。這種家族網絡在一九〇〇年代開始改變，孩子們大多不再時時接觸龐大的家族，不需要時常照顧其他孩子，通常都是在學校或職場學習怎麼「當大人」。

許多學者都指出，現代家庭的互動出現有趣的轉變。過去的父母只負責提供安全、有保障的環境給孩子，這一點改變了，現代父母必須積極介入孩子的學習或遊戲，引導他們達成人生目標。孩子多半受到父母隨時的監督，課後時間也更有結構。父母對孩子的生活有相當程度的介入，孩子的成就也攸關父母利益，這都是歷史上不曾出現的現象。

這種積極的親子教育讓孩子所需的人身安全與情緒健康更有保障，但現代家庭的保護機制越來越嚴密，孩子反而沒機會從自由探索獲取經驗與知識，或是從事情後果去領悟該如何自我修正。身為孩童幾乎就應該有不恰當或愚蠢的社交行為，才能知道這些行為的後果，然後負起責任、採取改正措施。童年的必要過程之一就是：犯規、承受後果、修正、重來。

這個自然發展的過程因為父母的介入或過度參與而受到阻礙，家庭成員的互動就因而變得尷尬。父母裝酷、孩子裝成熟，親子之間原有的互動規則於是模糊了。

我們的第一堂社交課通常發生在家庭環境。孩童仰賴照顧者提供保護、營養、交通，與其他物種相較，人類幼兒的依賴期更長，完全必須由照顧者滿足他們的生理需求、保護他們，並教導他們如何因應社交生活的複雜因素。照顧者教導孩子如何交朋友、與他人通力合作，以及如何處置衝突狀況。他們直接指導孩子在社交場合該採取什麼行為舉止，但孩子也會觀察並學習照顧者如何進行社交互動。雖然照顧者可能直接或間接影響孩子成為擅於或拙於社交的人，但親生父母影響孩子社交能力的最大因素，其實是基因。

華盛頓大學醫學院的康斯坦提諾（John Constantino）與陶德（Richard Todd）以七百八十八對七到十五歲的雙胞胎為樣本，研究社交技巧匱乏的遺傳力。同卵雙胞胎的基因相似度高於異卵雙胞胎，在人格特質的測試中，同卵者的相似度若高於異卵者，研究人員就能做基因影響度的推論。康斯坦提諾與陶德使用「社交反應量表」衡量受測者的社交技巧，檢視同卵者是否比異卵者呈現更高的相似度。他們旨在研究基因的影響，也希望瞭解社交技巧的匱乏是否也受到來自家庭之外的社會因素的影響，例如來自於老師或朋友。

康斯坦提諾與陶德發現，在社交技巧匱乏的測試中，同卵者的相似度遠高於異卵者。他們的分析報告指出，男孩的社交技巧匱乏有百分之五十二屬於遺傳，女孩則是百分之三十九。他們也發現在後天環境方面，男女之間也呈現出差異。女孩的社交技巧匱乏有百分之四十三受到家庭環境的影響，高於男孩的百分之二十五。

相關研究也指出，人際溝通能力是可遺傳的人格特質，但既非百分之百為遺傳所致，亦非百分之百受到環境影響。行為基因研究者認為這個結果很有意義，他們意不在指出心理條件非人力可改，而是想釐清哪些條件是受到基因或環境的影響，盼能知道什麼環境可以降低基因的負面影響，同時將基因優勢發揮到極致。

有社交障礙的孩子的照顧者、師長、精神導師可以從行為基因研究結果知道，某些孩子天生就靦腆怕生，但家庭環境與社會環境也對孩子的內向表徵有相當大的影響。

問題是照顧者該如何塑造環境，讓孩子因過份害羞所造成的負面影響降到最低，而其正面優勢則可以發揮到最大。難熟慢熱者只要獲得指引，也能認真思考社交問題，在鼓勵之下發揮他們特殊的觀察力，但照顧者的教導方式必須符合孩子觀察世界的特殊方式。

社交被動者的天性和照顧者試圖灌輸社交規則的教導，這兩造之間的拉鋸很可能是一場消耗戰。為了瞭解這場戰爭將如何發展，我們先討論一個在二十世紀極具影響力的理論的更新版。

影響孩子社交能力的因素

因素／性別	女孩	男孩
基因	39%	52%
家庭環境	42%	25%
非家庭環境	18%	23%

順性發展與社會規範之間的拉扯糾結

一九〇五年，佛洛依德的著作《性學三論》提出心理發展學的革新理論。一九〇〇年代初期，一般認為嬰兒無法進行有目的的思考，父母必須滿足嬰孩的生理需求，但在孩子脫離嬰兒期之前，無需太擔心他們的心理需求。對此，佛洛依德提出反駁，認為父母與嬰孩的互動對孩子的心理健康有深遠影響。他認為嬰兒期是人格成型的時期，在這段時間，嬰兒的天生衝動與照顧者灌輸社交規則的意圖之間不斷發生拉鋸。

佛洛依德把嬰兒追求愉悅的天性稱為「本我」（Id），在照顧者的壓力之下必須學習社交規則的機制稱為「超我」（Superego），這兩者之間則是「自我」（Ego）。在「本我」的衝動慾望（我想要……）與「超我」的管制力量（我應該……）之間，是由「自我」進行仲裁。佛洛依德認為嬰兒從出生到大約十八個月，他們的主要動機都是吃奶。孩子餓了、媽媽餵奶，這是帶來滿足的經驗，佛洛依德稱之為「快樂經驗」，他認為母親有必要適當控制孩子對快樂的慾望，就從餵奶開始。母親太常或太少餵奶，都會造成口腔期滯留的現象，餵奶不足的孩子長大後會產生悲觀的個性，餵奶的滿足度太高的孩子則會發展出操弄他人的個性。佛洛依德指出，此類心理症狀的表徵包含咬鉛筆、咬指甲等與口腔相關的行為。

在口腔期之後，佛洛依德認為親子之間的拉鋸從嬰兒是否餵奶過度或不足，轉移到大小便訓練的對峙。包尿布的嬰兒不需要在找到廁所之前先憋屎尿，可以隨意想解放就解放，解放的感覺很舒服，甚至很快樂。不受限制的排泄令人開心，直到照顧者開始施加「超我」概念，灌輸孩子何時何處才能解放的規矩，必須等他們去到一個從地面升起的大型瓷器洞口，在嬰孩眼中，馬桶可以把東西全都沖刷到未知的深淵。你若把自己放在嬰孩的心態裡，就能想像孩子為何不願接受莫名其妙的規矩。面對這些限制，孩子的戰術只有這兩者之一：憋著或排放。

肛門持有（anally retentive）的孩子坐在馬桶上、盯著爸媽，然後……什麼也不做，可以一坐幾小時的頑強抵抗。相較之下，肛門驅除（anally expulsive）的孩子則是盯著爸媽看，一邊弄髒褲子，想看看父母敢不敢阻止他們隨意、隨時做他們想做的事。這兩個戰術都能有效激怒父母。佛洛依德認為肛門持有的孩子長大後將發展出旺盛的控制慾，變成有強迫症性格的成人。相反地，肛門驅除的孩子則發展出不受控制的個性，成為不畏風險的成人，在講求自制的習俗中任由自己亂來。

我總愛想像佛洛依德置身在一板一眼、端莊持重的維多利亞時代，在維也納市中心參加一場雅緻的晚宴，其他賓客禮貌地試圖跟他談天，請教佛洛依德博士的工作內容。我想像他百無禁忌談論起他的性心理快感理論，說明嬰兒如果沒有得到性心理滿足，可能導致口腔滯留或肛門驅除的心理現象。如果能親眼目睹那些充斥超我的沙龍裡瀰漫的尷尬氣氛，不知有多妙。那種集體自我意識過剩的不自在感必然揮之不去，每個賓客都暗自困惑著該怎麼處理餐盤裡的臘腸或是飯後的雪茄。

雖然佛洛依德列舉的口腔期與肛門期的例子有些好笑，他的核心思想卻是兒童發展的革新思維。研究人員並未確認哺乳與口腔滯留、大小便訓練與紀律之間是否絕對相關，但已發現佛洛依德的核心理論確有其根據，早期的親子拉鋸戰確實能造成長期的心理影響。

以口腔期為例，嬰兒沒有語言與移動的能力，完全仰賴照顧者滿足他們的需求。設想嬰兒因為飢餓而哭泣，卻發現照顧者並不一定有回應。反之也有無所不在的父母，不給孩子獨立自主的機會，也可能對孩子的發展造成負面影響。為了孩子好，父母必須在關心與自由之間取得平衡，無論是嬰兒期的哺乳、上學後的夏令營，或是離家上大學皆然。

如今看來，把肛門期列為發展階段似乎很可笑，但佛洛依德的核心理論確實依然有效。只要你曾經訓練孩子上廁所，或是曾經旁觀，都會知道那紮紮實實是親子對抗。除了大小便訓練之外，親子之間每日都上演許多權力爭奪戰，例如父母不斷告誡不要打人、要溫柔、不要亂踢、要有禮貌、不要吃鼻涕等等。但這些還只是少數，父母試圖灌輸的規矩可能數以百計、千計，孩子得學習說「請」、乖乖等著輪到自己，或是在無法為所欲為的時候要克制發脾氣的衝動。家長大多會盡早教導規矩，因為他們知道孩子必須能符合社交習俗的要求，將來才可以被團體接受與尊重。

在任何家庭，每當父母試圖建立孩子的超我，孩子卻寧可滿足本我，就會出現家人互動的尷尬時刻，但某些家庭的尷尬度可能又更高一些。社交技巧匱乏的小孩會對父母造成更特殊的挑戰，他們不是本我過於活躍，就是超我負壓過重，或兩者皆有，環境給的刺激過於強烈，造成自我的不知所措。雖然有這些特殊挑戰，但尷尬家庭的基線與任何家庭一樣：父母希望設法幫助孩子實踐天賦，同時為孩子建立必要的社會規範，方可與他人和睦共處。

活在自己的世界裡

在我得知Z老師的童年故事之前，每做一次課後輔導，對老師的厭惡就加深一層，一直注意到他身上令人討厭的地方，也因此更確定他會遭報應。我看著他在黑板上解化學題目時就一肚子火，他一臉忍不住的笑容，表示他對自己做的事滿意得很。笑什麼！怎麼有人這麼喜歡折磨別人！

Z老師還沒自稱怪胎之前，我們就懷疑他是個社交怪胎。他在解化學題的時候，完全無法掩飾那種發自內心的喜悅。當社交囧星人把聚焦式的注意力放在興趣上，就渾然忘我了。當他們以為四下無人，例如你看到書蠹蟲正在讀一本引人入勝的書、音樂家正在練習小提琴，你會看到一個沈溺於鍾愛事物的人臉上有赤子般的愉悅神情。

這類人因為投入而忘我，並展現卓越能力的狀態，被心理學家契克森米哈稱為「神馳」（flow），有點類似被什麼附身或正在發功。當眾人吃力的賽跑時，神馳狀態的跑者可以不費力似地飛躍二十五英里，或是神馳狀態的芭蕾舞者能以無與倫比的力與美呈現高難度的表演，你若在事後問他們當下在想什麼，他們會說：「什麼也沒想。」進入神馳狀態的人不需要想著程序與步驟，也不需要特別花腦力思考該怎麼做，而是憑藉直覺或本能的驅動。

一般以為「本我」過度活躍的人受本能驅動的行為，可能像是搖滾巨星酗酒、縱慾、嗑藥等行徑。不擅社交的人雖然也可能沈溺於這些千古罪惡，但多半則是著迷於非社會性的嗜好，例如打電玩打到手指起水泡、徹夜研究傳說中的怪物，或是不屈不撓追求創舉，例如在自家車庫發明個人電腦。

某些人因為天生的基因組合，容易對尼古丁或酒精產生依賴，他們吸菸或喝酒的時候比別人有更多愉悅感。同樣地，對社交活動感到不自在的人，在從事他們喜好的非社會性活動時，也有特別強烈的愉悅，只是會同時付出機會成本，亦即他們因而忽略了重要的社交規則。

例如，我們都曾經被某些事情佔據心思，因而無法分神注意到應該注意的人。例如，當缺乏社交能力的孩子正在做作業，或是想到什麼點子而不斷做白日夢時，本能便驅使他持續專注並耽溺在當下的作業或點子。如果有人在他如此專注的時刻想跟他對話，他很難立刻轉換到社交模式。因為這方面的困難，他們比較可能在本能的驅動之下繼續進行手上的工作或腦中的思考，並且為了持續做自己的事而下意識向別人傳遞負面的社交訊息，被他人解讀為他不感興趣或不耐煩。對善意想跟他聊天的人來說，當然會覺得受傷或被冒犯。

父母看到孩子如此得罪他人，通常會感到不悅，並試圖糾正孩子的行為，但這只是這類孩子無法控制本能的驅動，他們受本能驅動的行為模式還有很多，像是經常直白糾正別人的文法錯誤，或是公然指出大家心照不宣的問題。在人際互動中常有必須予以忽略的事實，或是必須婉轉帶過敏感的話題，但社交互動的現實狀況在個性害羞退縮者眼中是具體存在的，因此他們會直接告訴年輕的保母說她臉上長滿青春痘，或是在教會跟牧師說媽媽都用很大的杯子喝葡萄酒。他們覺得自己只是陳述事實，必須花更多時間才會瞭解坦白的語言可能會讓別人覺得難過或使自己陷入麻煩。

當然，與人互動有困難的孩子不能因為天生不擅長社交，就拿到忽略社交儀節的免死金牌。父母不應該要求他人對孩子的社交犯規給予特殊待遇，而應該讓孩子承受失誤的後果，然後以具體的語言解釋為什麼他們跟別人的關係變糟了，同時教導他們往後如何用更好的方式與人互動。如果孩子不學著控制本能驅動，並遵守重要的社交規則，很可能在成長過程付出慘痛的社交代價。為了幫助孩子建立更健全的心態，父母必須讓他們瞭解確實不得不遵守規矩，不能任意做出別人認為唐突或惡劣的言行。

父母有時也可能會因為太沮喪而直接對孩子大罵：「控制一下你自己！」但這可不一定會得到好結果。

能量過高的超我

Z老師有一套嚴格執行的課堂規定，例如作業的釘書針必須是四十五度角，翻頁的時候才會整齊；上課之前必須把課本翻到上課的頁面，他不要聽到書頁摩擦的沙沙聲；不可以把頭靠在後面的牆上，他不希望一九八九年的頭蝨大傳染重新上演。他像治軍一般嚴格執行規定，我們都覺得他真的很古怪。

Z老師自己也遵守一套嚴格的規矩。我曾兩次在輕鬆的場合見到他，一次是炎熱午後的棒球賽，一次是星期六的超市，他都穿著一樣的衣服：針織背心、燙過的襯衫、擦亮的棕鞋。每天早上，Z老師都在第一堂課鈴聲響之前兩個半小時抵達學校，進行嚴謹的鐵人三項訓練，將訓練結果詳細記錄在方格筆記本，以進行追蹤。他在黑板上解化學題目的每個步驟都很精準，並在旁邊寫出每一步的演算過程，但我想他其實只要看一眼題目，就已經知道答案了。

我在Z老師的課堂不斷違反一條規定：頑固拒絕記錄每個演算步驟，這比翻書的聲音或釘書針不是四十五度角還要令老師感冒。我覺得只有答案要緊，沒必要記錄過程，但我承認，如果我不要這麼固執，花幾分鐘把作業寫得更完整，就不必花更多時間在課後把老師批示「過程不清楚」的題目重新做一遍。數年後，當我成為教授，開始給學生的作業打分數，才意識到Z老師當時必須看每位學生的每個作業習題的每道步驟，那是多麼吃力的工作，我心想：「什麼樣的人才會給自己攬一身這樣的工作？」

社交囧星人喜歡規則與系統性。他們的例行公事常有固定的時間、地點，以及定義精確的方法。雖然多數人的生活都有某些固定模式，但社交囧星人對例行公事的遵守非常精確、沒有彈性，如果你試圖打斷或改變行程細節，他們便會焦躁或不自在。他們若少了固定行程，就好像老菸槍少了菸一樣。

佛洛依德或許看出對人際關係過敏的社交尷尬症者對於固定行程的執著，是因為「肛門持有」的問題，但我認為這是過度悲觀的看法。只要環境合適，這類人的固定行程與規則就會是正面特質，例如某些領域特別需要重複執行規律程序，需要堅持不懈的努力，多數人很快就會感到無聊，但具備才能的社交困難症者，因為注重嚴謹方法的天性，特別適合電腦、金融、化學等等必須嚴守規則才能避免嚴重錯誤並精進的領域。Z老師知道自己講求規律，受到本能驅動的能量必須透過精心訂定的固定行程與心理規則才可以好好釋放出來，他如此處理生命中的所有事務，因而能夠成功扮演學生、軍官、工程師，以及化學老師的角色。

與其把這類型人對固定行程的執著看成一種精神官能疾病，不如視之為規律個性的表徵。他們對線性秩序與邏輯規則的喜愛，拜倫柯恩教授稱之為「系統化」，他們面對狀況的時候，腦子就開始分析可預測的部份，釐清事物運作的規則。其中最簡單的規則是：如果發生A，就會造成B。當你瞭解他們將事物系統化的天性，就能理解他們的愛好，以及從愛好中獲得的喜悅。「如果我今天跑五．五哩，那麼明天就跑六英哩。」、「如果我在微波爐按1-1-1，而不是1-0-0，定時的效率就可以提高。」一般人或許不認為這有什麼喜悅可言，但對於此類人來說，這種系統化的秩序卻能帶來莫名的滿足感。

雖然系統化可以幫助社交智商較低的人堅持做完鐵人三項訓練，或是使用微波爐的時間省下一．五秒，但高度系統性的思考模式並不適合用來理解不完全系統化與無法預測的現象。當他們以高度系統性的方式進行思考（可稱為「過度系統化」），就很難處理其他無法輕易以線性規則進行歸納的狀況。在過度系統化的思考模式之下與他人進行社交互動，就充滿了變數。既然吃爆米花會發出噪音，看電影又必須注意聽對白，大家為什麼就是要邊看電影邊吃爆米花？為什麼有人會愛著虐待自己的人？做夢與否根本不能自主控制，為什麼還要跟別人說「祝你有個好夢」？這些狀況都對社交內向型者系統化的思考模式造成很大的困擾。

人際溝通能力較弱的人無法有效解讀社交訊息的模式，因此社交狀況對他們來說是燙手、不可測的一團混亂。事實上，一般的社交狀況都有某些可預測的模式。麥基爾大學的認知心理學家鮑德溫（Mark Baldwin）等人發現一般人都以「如果……就……」的模式理解社交訊息，有些是情境模式，例如：「如果你是紳士，就不應該以說教的方式評論女士的生活方式。」或是：「如果搭公共捷運，就不應該任由自己躺下佔用兩個座位。」若能遵行這些「如果……就……」的模式，就不致於出現令人厭惡的言行舉止。

「如果……就……」的運作範圍屬於下意識領域，就像在網頁背後運作的程式，因此缺乏社交能力者才無法看清。一般人都能自動理解社交互動背後的「如果……就……」，但是對不擅交際的人而言並非如此，他們違反社交規則之後，可能會說：「可是沒有人跟我說過啊！」這不是藉口，而是真心抗議沒人教導他們認識這些隱藏的「如果……就……」。外向、不怕生的孩子可以透過觀察，自然而然學會無數的社交模式，但缺乏社交自信的孩子則需要直接明白的指導才能做到。然而只要他們記住這些社交模式，並且在執行的時候多給自己和他人一點彈性，就能更輕鬆應付一般社交。

無論孩子是否擅於與人互動，若有一套公式可以遵循，父母也公平、持續地執行公式中的規矩，孩子就能有更好的發展。運作良好的家庭就像充分上油的機械一樣，每位成員都清楚自己的角色，也信任其他成員都能扮演好他們的角色，家人的行動就能彼此連結與協調。家中訂好清楚的例行公事並持續執行，孩子就能準時上學、晚餐後不必爭執就會好好收拾乾淨，家人有需要的時候也能立刻彼此支持。坊間有無數的親子教育書籍，各種建議甚至相互矛盾，但數十年的發展心理學研究史有一個最經得起考驗的論點：孩子若能接受嚴格且持續的規範，被要求遵守合理的規矩，往後大多能成長為穩重而健康的成人。

當然，家庭運作若要一如充分上油的機器，當然沒說的這麼容易。即便是最和諧的家庭，也會不斷經歷成長過程的痛苦與衝突，包含父母嘮叨孩子賴床，或是跟孩子解釋為什麼碗盤不能等到明天再洗。因為基因組合的相似，非社交型的孩子跟父母很可能一樣頑固，意見衝突的狀況可能更嚴重。

父母必須讓這類型的孩子明白社交「過程」的重要性，你貼心地為他人做點什麼、說點什麼，最終就會累積成為人際關係的重要資產。父母必須平靜的接受孩子面對社交狀況就是不知所措，即便孩子不情願，也必須設法引導學習社交規矩，助其融入環境。父母若希望孩子最終能被他人喜愛與尊重，必須不厭其煩一一瞭解他們在各種社交情境之下的言行方式。

幫助人際互動困難的孩子建立基本社交常識

我至今依然清晰的童年回憶之一，是一個不斷重複發生的狀況，事情從溫娣漢堡的停車場開始。爸媽把我們的旅行車停好之後，回頭看看後座的我，其中一位就說：「我們先做演練。」或許是因為父親的軍人背景，我們的演練就像士官長訓練一名步伐拖拍的小兵。父母親一步步與我進行問答，一如蘇格拉底與弟子對話，幫我準備如何與他人互動。

我們就這樣在進入餐廳、超市、生日派對、教堂聚會等各種場合之前，在各個停車場或在家裡進行演練，時間視需要而定，在我狀況差的時候，只為了跟收銀員做兩分鐘的互動，我們可能就得在車裡待十分鐘。爸媽希望透過刻意演練，讓我能夠自然地應對日常互動，例如在餐廳點菜或使用大眾交通工具。這些演練功夫看似有些過頭，我也並不熱衷做蘇格拉底式對話，然而，身為難以與人展開流暢對話的孩子，我其實很需要這種詳盡的指令。我相信爸媽也跟我一樣不熱衷，卻仍認真的練習，如此才能幫助我學習與人互動的不成文規則。最終證明他們這樣做是對的。

進入溫娣漢堡店之前的演練

爸媽提問	我回答
我們去溫娣漢堡做什麼？	吃東西。
進去之後要先去哪？	應該先找到排隊隊伍的最後面。
等你排到隊伍最前面的時候要做什麼？	點餐。
點餐之前要做什麼準備？	決定要吃什麼，把錢準備好。
怎麼跟店員說話？	看著對方的眼睛，說話要讓對方聽得見，要說「請」。
點餐之後要說什麼？	付錢。等一下之後伸手拿找錢。要說「謝謝」。
點餐完畢之後要站在哪裡？	站到旁邊，好讓後面的人點餐。

父母幫助我因應社交互動的策略是讓我把聚焦式的注意力放在當下的三個社交訊息，所以發明了先前討論過的「前三步」，並且以「如果……就……」的方式描述社交規則，例如「如果我們在溫娣漢堡，就是要來吃東西的」以及「如果我們是來吃東西的，就要弄清楚怎麼點餐」以及「如果我們要點餐，就要準備好鈔票來付錢」。其中的「如果」是條件，「就」是我必須執行的行為。我走向溫娣大門的同時，心裡就默唸著「前三步」：隊伍尾端、選好餐點、準備付錢。等到該付錢的時候，就開始默默準備另外三步：看對方眼睛、說話讓對方聽見、說「請」。

我逐漸瞭解這一套一套的「三步社交法」可以鏈結成更廣的系統，例如在餐廳點餐的系統，最後我也能從中得出一體適用的概念，拿來應付買電影票或球票。我開始瞭解為什麼說「請」或「謝謝」可以表示禮貌或尊重，這些是順利與人溝通的要素，對一般人來說只是常識，或是直接了當、輕鬆可應付的狀況，但對我來說卻非直覺可完成的。

經過一段時間的不懈努力之後，我學會判斷一般社交狀況必須遵守的規則，也逐漸建立社交能力，最後，因為已經有自信能應付日常互動，我在與人互動前夕的焦慮便降低了，同時在他人面前也能顯得沉穩、自信許多。因為我已能不假思索處理互動最初的步驟，心思便能專注於處理社交劇本之外的意外狀況，也有餘裕讚美別人或幽默一下，並因此被加分。

父母以「如果……就……」的方式描述社交規則，正巧利用了不擅交際者天生的規律性，他們逐漸熟習「如果……就……」的指令之後，就能將個別規則串連成完整的劇本，並能體會遵守規矩的好處，逐漸看到自己依照劇本執行動作的具體成果（例如看到別人的友善回應或繼續聊天的意願），最終可能到達一個轉捩點，之後便能自動產生自行學習社交規則的動機。

演練社交技巧對缺乏社交能力的孩子著實有幫助，我卻很少見到有人執行。這些孩子認為社交禮節無聊又難懂，父母因此很難吸引他們的注意力。此外，某些父母可能太在意他人眼光，認為做這些補救措施，等於承認孩子有問題，也表示親子教育不及格。社群媒體時代的家長也得面對不少壓力，總得讓自己看起來可以成功應付養兒育女的辛勞。我的父母親總看著別人的孩子都自己倒牛奶、自己點餐，不難理解他們在輔導自己的孩子練習社交技巧的時候，或許也會在意他人眼光。

父母萬萬不可因此感到尷尬，因為孩子立刻就能感覺到爸媽的遲疑。其實你幫孩子做社交演練，就好似某些父母輔導識字太慢或數學不好的孩子一樣。你若只想掩飾孩子的不足，反而錯失了改造孩子的機會，所以應該引導孩子練習具體技巧、強化社交能力，孩子才可以更自然地面對社交場合，並能建立良好人際關係。

父母親或許很擔憂自己的孩子個性異於常人，但人格心理學家認為，人格特質基本上沒有絕對的好或壞。社交囧星人者對固定行程的執著，有時確實是缺點，但放在某些環境卻變成強項。常顯得心不在焉的孩子或許特別能發掘不尋常的事物，衍生出精采創意，頑固的孩子遇上逆境可能展現堅忍決心，但他們就是比一般孩子多走一段跌跌撞撞的過程之後，才能理解自己的思考方式，並學會爬梳自己特殊的興趣，當他們能順利因應各種狀況，長大後就能成為專注、堅毅、自律、能夠表達獨特見解的人。

我曾抗拒爸媽強制執行社交演練，但他們堅持要我透過有條理的方式培養具體的技巧，要我學會向他人展現我的體貼與細心。此外他們也以身教示範給我看，這一點很重要，父母不僅需要為孩子灌輸重要的社交價值觀，也必須親身示範如何以行為表達善意，如此方能幫助孩子建立公平、為他人著想的態度。

社交囧星人的特質與正、負面表現

特質	負面表現	正面表現
狹窄的興趣領域	反社會	專注
只關注非社會性的事物	缺乏同理心	能注意到不尋常的細節
過於執著的興趣	衝動	堅毅
需要重複性	不夠變通	自律

教孩子從小留意社交細節

Z老師小時候在孤兒院與養父母家之間轉換生活，必定極度缺乏穩定性與固定的生活步調。對一個天性就比他人更需要規律的孩子，這樣的成長過程必定常令他不安。某一次的課後輔導，我問老師為什麼如此喜愛化學。他想了一會，然後說起他與養父母的故事，透露了鮮少出現的脆弱心情。

老師說故事的時候，我能感受到他對養父母有非常深的尊敬與感激。他的養父母雖嚴格，卻是公平、細心的照顧者，他們對Z的期望都非常明確，藉此疏導他的叛逆能量，並將他活躍的思考能力導向科學研究。Z老師充滿感激地回憶起養父母給他的規律生活、支持他的熱情，我想那必定如同在水中憋氣太久之後終於吸到了氧氣。一般青少年多半沒興趣聽父母討論工作，但父母的話題卻恰好符合Z對科學的興趣，他最終理解到，養父母以系統性的方法研究科學議題，也同樣如此處理社交禮節：他們如果接收到他人的善意就會寫一張謝卡，如果聽說朋友遇到困難或喜事，就會給朋友打個電話。

化學是一門精確的科學。Z老師之所以鍾情，是因為只要依據必要步驟解答習題，就能取得可預期的結果，過程中的每個步驟都必須精確，任何一點小錯誤都可能導致無法預測的結果。聽老師說完故事之後，我意識到，對一個童年時期就得為生存掙扎的孩子來說，科學本身與科學的系統性就如同救生筏一般。

並非所有安靜內向、害怕與人互動的孩子都會遭遇這些特殊狀況，但從Z老師的家庭生活，我們也能看到這類孩子對家庭的需求是什麼。Z老師的父母不壓抑他的衝動或精力，而是設法疏導至正確方向，讓他的精力能轉化為生產力。他們對Z有明確的期望，在訂定規矩與日常行程的時候，也會說明其中的道理，並以公平的方式執行規矩。科學是他們提供的一個出口，但他們也希望Z對其他學科保持開放的心態，此外也要他自己選擇一種他能經常從事的課外活動。

佛洛依德基本上認為人格特質在青少年晚期就會定型，二十世紀的精神治療普遍抱持這個觀點，因此家長們都深怕他們誤了孩子的一生。然而，當代人格研究者卻發現，人格對生命的影響其實比佛洛依德的理論更繁複精細。社交退縮的特質雖有遺傳的可能，但是這樣的特質在人生過程究竟被視為優點或缺點，其實相當程度取決於所在環境。這有些類似烹飪比賽的現場電視節目：參賽者拿到必須使用的食材，但能自主決定配料與烹飪方式。

一般人的人格特質大約在青少年晚期穩定下來，但也有例外。某些人隨著年紀增長而變得更多話或更封閉，某些人則變得更開朗或更難相處。研究人員仍繼續探討何以出現這些轉變，但許多人格心理學家認為，人際關係的影響可能是人格隨時間改善或惡化的關鍵因素。即便我們在某個階段看起來已經定型，但每當你面對新學期、新工作，或是新的社交環境，你結識的人都有可能重組你的心理特質，讓個性進階成為更好的版本。

對Z老師來說，養父母的影響就是他生命道路上的轉捩點。他們並非只是將自己的生活方式強加在Z身上，而是貼心考量他的個性，與他一起訂定一套適合他的日常行程與規定。Z老師一生都維持在高能量的狀態，嚴格執行例行公事，若是碰上固定生活之外的社交互動，就顯得有些不自在，但他已經知道如何將自己的性格與能力導向正確出口，讓自己天生的特質發揮最大的正面效果。Z老師或許不能無入而不自得，或是隨意施展魅力，但他要求自己必須為他人著想，因而成為學生非常敬重、最終也能喜歡的老師。

我的化學成績不曾拿到A，但確實有所進步，更重要的是終於理解到Z老師希望頑固的我學會什麼。他要我知道「過程」的重要性，別人期望看到你努力的過程，不論是科學研究或社交互動皆然。Z老師感應到我有高於常人的能量，若不好好疏導，我可能變得心不在焉、輕忽草率。我的強烈能量在社交場合有時令人敬而遠之，老師知道如果我不能設法讓他人理解我的全貌，可能因而付出相當大的代價。

小時候的我只專注在事情的結果，因而直接省略一般禮節，例如打招呼或詢問他人近況，但這些都是培養良好人際關係的重要步驟。我有時也沒有先解釋腦子裡的思考過程，就直接走開或突然改變話題。在別人不明就裡的狀況下，自然會以為我覺得無聊或對他們不感興趣，事實上我完全無意冒犯他人，只是沒有解釋行為背後的原因。

Z老師教導我信任化學的程序與步驟，如果你相信自己有能力做好每個步驟，就會發現你一開始採用的元素，在最後將產生新的解法。如果執行步驟的時候太急躁或猶疑，就可能得出不可信的結論。從這個角度來看，化學研究就像信仰，你必須相信自己有能力執行每個步驟，也願意讓別人看到這些步驟，並相信你按部就班的結果就是得到一個與構成元素不同的解法。

社交囧星人經營社交生活的時候也必須相信，只要多注意社交細節，最後就能得到一個大於總和的成果，在這樣的信仰之下，持續執行四目交接、仿效他人姿態、以愉快的語調說話等細節，最終就能加總成為良好的第一印象等等的非具象成果。

我總說自己是「天生短袖難舞、後天長袖善舞」。父母親與Z老師這樣的精神導師設法在我腦裡植入特製的軟體，利用我異於常人的心理硬體結構，教導我另覓途徑卻同樣能達到社交目的地。面對害羞、不愛人際互動，也不喜歡熱鬧場合的孩子，家長與教師可以給孩子清楚明瞭的目標，要求他們執行各種「如果……就……」的規則，讓他們能符合家庭與學校的要求。家長教導孩子面對現代社交生活的時候，這一點尤其重要，因為在一個技術與資訊快速變遷的時代，孩子更加無法確知怎樣的行為才是所謂有禮貌的社交行為。

第七章

交朋友，到底難不難？

柏克從未打過網球，但馬丁尼茲教練在他身上看到了潛能。他是敏捷的籃球控球後衛，衝勁十足的棒球游擊手，一身靈活的運動細胞，同時也具備非凡的膽識與韌性，這些人格特質讓馬丁尼茲教練動念招攬柏克進入網球校隊，目前隊上正缺的就是強韌的精神。

練球第一天，多數人穿的是五吋褲管的白短褲和網球鞋，但這可不符合柏克的自在風格，他穿了寬鬆的籃球短褲和黑色高筒球鞋（在球場留下長長的磨痕）。他做正、反手擊球的時候兩手並用，揮拍則用拳頭往背後揮，就像棒球打擊手打快速球的模樣。柏克的個性不修邊幅，打球的時候一臉怒容，再加上相當有創意的髒話，常引起鄉村俱樂部會員的側目。他看起來雖然不是典型的網球選手，但功力確實不含糊。從沒有人像他這樣在場上狂奔，不時俯衝救球，而且揮拍力道驚人。

一星期的訓練之後，教練決定讓柏克和我組隊雙打，我很確定柏克聞言立刻倒退兼翻白眼。敝人就是強悍與靈活的相反詞，他的強烈個性也讓我有些不安，很懷疑我們之間是否有共通處可言。

我覺得很有意思的是，柏克在練球的時候看起來很難親近，但他從小學到中學認識的人都非常喜歡他。雖然他受到大家的歡迎，但他似乎完全沒有運用任何心機讓自己受歡迎。他對酷炫的衣著或車子都沒興趣，寧願把心力用在功課上。他並不特別遵守身邊的社交規則，對課業的專注也不輸給書呆子，技術上而言，柏克應該被歸類為怪胎或社交囧星人，但你若問校內任何人對他有什麼看法，大家都說：「他真的很酷！」

練球第二週的某一天，我手氣不順，一路打壞球，最後簡直不會打球了，壓力讓我無法喘息，馬丁尼茲教練於是要我去跑道跑幾圈，其他人則繼續練球。教練的指示很正確，避免了我所剩無幾的自信心繼續受傷，但我還是覺得沒面子，從沒有人因為練習狀況太差而被派去跑步。

後來大家解散之後，教練忘了我還在跑步，直到他開車回家途中才想起來，等他回到跑道，發現我已經步履闌珊，趕緊叫我別跑了。他愧疚地說了些鼓勵的話，跟我說明天又會是新的一天。我走回更衣室的路途顯得漫長肅穆，正從跑道往下坡走的時候，看到柏克在網球場門口等著，身邊有一桶球，他若無其事地說：「嗨！球伴，我們再打一會吧！」

在十幾歲的男孩之間，即便沒有生存競爭，也有一種適者生存的原始本性，大家都不喜歡跟團體中的弱者在一起，光是扯上邊就可能威脅到自己在這個競爭越趨激烈的環境的社交地位。柏克的社交知識應該足以判斷我當天是最弱的弱者，但他不在乎是否該保護自己的社交資產。雖然不是他志願選擇跟我搭檔，但他的家庭教育讓他在當時做了決定：「如果有人陷入最低潮，就是你應該對他付出最多的時候。」

我們默默打了四十五分鐘，我開始順手，最後恢復了自信心。打完之後，柏克說：「你要堅持下去，我們一定ＯＫ的！」然後就轉身跑步回家。就在四十五分鐘內，我瞭解了為什麼大家都喜歡又崇拜柏克，為什麼他是個「咖」。他的社交觀念已經成形，核心就是公平、善良、忠誠，因此可以不受瑣碎社交規矩的限制。柏克不必像其他受歡迎的人那樣在意種種社交規矩，因為他可以透過相對而言較少的行動，得到更多友誼的回饋。我著實覺得受教了，面對著正在經歷大幅轉變的社交環境，他給我上了非常重要的一課。

多少朋友才夠？

不論是第一天上新學校的孩子、參加夏令營的中學生，或是離家上大學的青少年，每個孩子都會因為要認識新朋友而焦慮。擔心自己能否融入新環境是人的天性，許多學校與社交俱樂部都會刻意規劃基礎設施，盡量讓每個人都有歸屬感，包含課外活動、團體作業，甚至是校園聯誼活動，都屬於社交基礎設施，可以促進人際互動、培養友誼。這些都是正確投資，交到好朋友的學生不但課業表現較佳、輟學率較低，也能學會如何累積社交資產，長期受用一生，對他們的人生與工作都有助益。

但他們長大成人之後卻發現社交環境隨著時代演進也更加令人難以捉摸，無論你的社交技巧如何，都會面對結交新朋友的困難，這著實是令人憂心的情況，畢竟友誼的重要性並不會因為長大成人就降低。根據芝加哥大學的卡其亞波伉儷（John and Stephanie Cacioppo）的人際關係研究結果指出，友誼關係良好的人睡眠品質較佳、罹患憂鬱症的機率極低、心肺功能較佳，均壽亦較長期孤單者高出百分之二十六。

友誼是社交生活的重要成分，對我們的益處甚至高於家庭、同事、伴侶，但當代的成人交友環境似乎更令人不自在且難以掌握。本章將探討社交囧星人與社交人氣王的友誼關係在當代的轉變，以及傳統社交習俗的改變、更複雜的社交規則、逐漸不再嚴謹的社交儀節對人們的社交關係又有什麼影響。我們也將引用研究報告結果，探討社交技巧與交友的關係，不過，因為大環境的改變，每個人在交友的時候都不免會感到尷尬、不自在。

二〇〇〇年出版的《獨自打保齡球》（Bowling Alone）首次論及當代社交生活產生劇變的現象，作者羅伯・帕特南（Robert Putnam）是哈佛大學的公共政策教授，在書中引用大規模調查資料，指出美國自從一九六〇年代以來，民眾對公共事務的參與度大幅下降，這也符合一般人的孤立感越來越深的現象。帕特南描述當代人越來越難找到歸屬感，引起許多人的共鳴，並獲得學術界、政府決策者，與一般民眾的關注。

書名的靈感來自於一項調查結果：打保齡球的人口在一九八〇到一九九三年之間增加了百分之十，同期參加保齡球隊的人卻下降了百分之四十。帕特南的某些結論雖然引起爭論，但許多人同意他所說的，傳統集會機構，如教會、政黨、社交俱樂部的參加人口較過往減少，使得強化人際連結的基礎設施也減少了。

《獨自打保齡球》出版後的十六年以來，傳統社交機構的參與度持續降低，社交環境正經歷巨幅變化，因而造成高度未知的社交環境，值得我們仔細檢視過去二十年以來的變化如何影響了人們建立與維繫社交關係的方式。如果你覺得交朋友的感覺越來越令人棘手而憋扭，也不必太難過，因為許多人都與你有同感。

親近的友誼是否越來越難得？首先不妨一問：人通常有多少朋友？這個數字過去以來是否有所不同？馬克斯普朗克人類發展研究所的柯爾內利亞．瑞薩斯（Cornelia Wrzus）的研究團隊提供了某些答案，他們檢視二百七十七項各年齡層人士親友人數的研究報告，結果顯示十到二十四歲的人的社交圈最大，青少年平均有九位經常互動的朋友，到了三十歲則降低為七位朋友，之後也漸次減少。與受訪者保持聯繫的家族成員人數則較為穩定，所有年齡層的平均都是七位左右。

若說一般人需要三到四位可靠的朋友才能滿足他們所需要的歸屬感，那麼擁有七位朋友與七位親人的三十歲人士似乎已經有足夠的親近人際關係。但是，頻繁互動並不見得就能為彼此帶來歸屬感。雖然歸屬感與朋友總數也有某些程度的關聯，但更重要的是互動之際是否帶來滿足感。互動一次之後能感覺被理解與支持，滿足感將勝過於令人失望的十次互動。這也是為什麼名人身邊圍繞了崇拜他們的粉絲、公司執行長有參加不完的會議，卻在不間斷的社交互動之中感到無比的寂寞。

英國心理衛生基金會二〇一〇年出版一份寂寞感調查報告，在兩千多位各年齡層的受訪者之中，百分之十一表示「經常感到寂寞」，也就是「有感覺，但不算病態」的程度。被問到身邊的人是否寂寞時，調查結果呈現出差異，百分之三十七的受訪者表示某位好友或親人感到「非常寂寞」，百分之四十八的受訪者認同「一般人都越來越寂寞」的表述。或許是一般人對「寂寞」有成見，造成某些受訪者少報了自己的寂寞程度，但卻願意揭露他人的寂寞。

這些寂寞數據高得令人憂心，但青少年與初成人者的寂寞數據在過去二、三十年來倒是降低了。昆士蘭大學的馬修．克拉克（Matthew Clark）研究團隊分析四十八項針對美國大學生寂寞感的研究結果，發現從一九七八至二〇〇九年的寂寞指數呈下降趨勢。他們也在另一項研究以三十多萬名高中生為代表性樣本進行分析，發現他們的寂寞感從一九九一至二〇一二年呈現逐漸小幅下降的趨勢。

雖然青少年與初成人者的寂寞感呈現下降趨勢，克拉克的研究團隊也發現某些趨勢之外的現象。從一九九一至二〇一二年，高中生認為他們遭逢困境時較難找到可求助的對象，也認為他們與朋友的相處時間減少了。這些研究結果符合亞歷桑納大學麥克佛森（Miller McPherson）研究團隊的發現，他們訪問一千四百多名美國人，其中認為遇上重要事情沒有商量對象的人，從一九八五年至二〇〇四年之間增為三倍。

總結而言，上述與友誼相關的研究結果指出，一般青少年與成人對朋友數量感到滿足，不致於感到孤單，但某些跡象也指出，「不孤單」並不等於「滿意友情的品質」。社交圈的大小沒有改變，與朋友的關係卻變淡了。社會學家與心理學家一直積極研究友誼質變背後的肇因，可以幫助我們瞭解當代社交環境下的友誼，以及該從何處去尋找友誼。

社交機制的瓦解

人類為何結為朋友？社會心理學家曾研究無數可能因素，經過數十年不斷測試各種繁複的理論，結果總是指向三個因素：距離相近、彼此相似、互有好感。也就是說，跟我們成為朋友的人都是身在附近、跟我們很像，以及願意對我們表示好感的人。聽來像是常識，卻不見得容易變成事實。

二十世紀的社交機制多半將人類聚集在教堂、辦公室，或是聯誼社團。這些團體的成員可能都有相似的價值觀與興趣，與團體代表的宗教、企業文化、聯誼宗旨一致。團體成員有共通的志趣，因而彼此成為弟兄、姊妹、同事，或朋友。成員不僅能透過團體彼此接近、感覺到彼此的相似性，而且是實質上具有該團體的會員資格。

社交環境首次出現重大改變是在一九六〇年代，人們開始對社交機制失去信心，參與度也大幅下降。皮尤研究中心（註：Pew Research Center，美國的獨立性民調機構和智庫機構。）的保羅．泰勒（Paul Taylor）的研究團隊在二〇一四年發表一份報告，指出千禧世代（一九八一至一九九六年出生者）不參與社交機制的現象尤其明顯，泰勒發現，相較於先前世代，千禧世代較少屬於特定政黨或宗教團體，在三十二歲依然單身的人也大幅增多。

某些評論者批評千禧世代不參加傳統團體的原因是懶惰或道德淪喪，但我們又如何能怪罪千禧世代心中有所質疑？例如他們看到大型銀行採取欺騙的借貸手段，造成美國經濟體制在二〇〇九年幾乎崩潰，金融機構執行長在倒閉之後，還能拿到數百萬資遣費，而中產家庭卻為了高利率房貸而過著拮据的生活。千禧世代即便有包容心，卻看到某些宗教團體拒絕譴責性別歧視或恐同觀點，天主教會也發生聳動的性虐待醜聞，使得他們更認為宗教團體不可信。

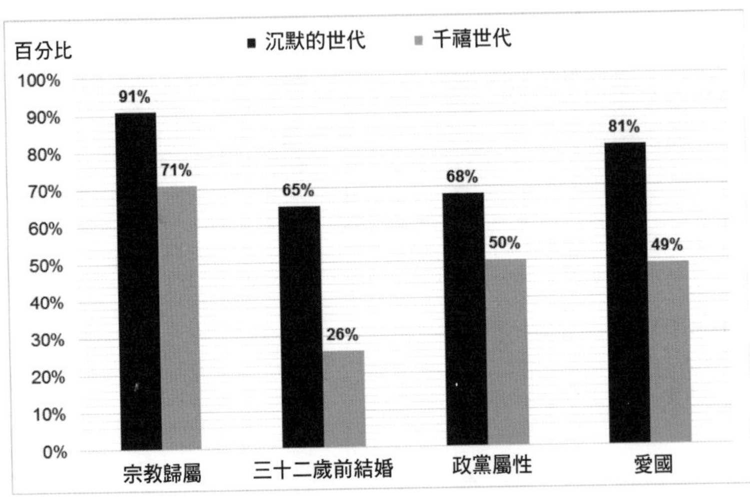

各世代對傳統機構的參與度及觀點

當然，我們不能以一蓋全，有良心的企業與宗教團體終究多於老鼠屎。無奈少數人的行為卻產生深遠的影響，千禧世代對傳統機構的不信任與不參與雖然最嚴重，但各年齡層亦有類似現象。

你若相信政黨黨章、教會信條、企業宗旨，應遵守的行為準則就很清楚，只須依據所屬機構的要求行事即可，包含該穿什麼衣服、何時能說話，甚至包含該說什麼話。團體的宗旨通常容易理解，如果你不認同，或是認為應該保留商榷空間，團體對你的吸引力自然會消失。千禧世代鮮少可以心甘情願進入一個服裝要求嚴格、必須謹言慎行、只能以「是！」或「立刻辦！」回應上級要求的工作環境。

企業界於是開始轉變，拋開正式服裝規定、鼓勵員工表達意見。某些矽谷企業已經聽不見「是！」，員工改而大膽挑戰現狀，某些教會的管風琴與讚美詩被電吉他與當代詩歌取而代之，教宗甚至也開始貼出他與教會成員的自拍照。儘管如此，大型機構的文化變革就好似大型遊輪掉頭一樣，機構本身與成員都像是處在混沌不明的狀態，眾人都苦思該如何以新的方式、在新的標準之下凝聚感情。

多數人或許都不願意受制於大型機構的束縛，但獲得自由之後，卻也不免焦慮，擔心自己的決定是否能為眾人所接受。我們的社會既希望追求自由，又希望透過機構施行標準，兩造之間的矛盾就像是佛洛依德的本我與超我，在依循衝動與奉行規則之間形成拉鋸。存在於社會中的我們被夾擊在中間，試圖釐清到底什麼才是「做自己」，並且在「做自己」的同時也能尊重不斷變動的社會標準。

社交環境還有另一個重大轉變，對於多元性的包容態度近年來已快速形成。千禧世代是領頭羊，各年齡層的人亦已更能接受不同種族與性取向的人，也更支持兩性平權。皮尤研究中心訪問隨機取樣的成人受訪者是否認為同性戀教師應該被開除，在一九八七年有百分之五十一的受訪者表示認同，但到了二〇〇七年則降為百分之二十八。對同性婚姻的支持也在過去十年從百分之三十五升高為百分之五十五。

皮尤研究中心的研究結果也指出，人們對種族的態度也變得更具包容性。他們詢問白人受訪者是否認同「國家應繼續進行改革，讓黑人與白人的權利更平等」，二〇〇九年有百分之三十六的受訪者認同，但僅僅經過六年，在二〇一五年的意見調查則升高到百分之五十三。皮尤研究中心詢問受訪者是否同意「白人與黑人可以交往」，一九八五年有百分之四十八的人表示同意，到了二〇一〇年則大幅升高為百分之八十三。

社會變得更包容的同時，人口組成也同樣出現變化，包含美國人口的種族組合，以及職場的性別組合。例如，美國人口在一九六〇年有百分之十五的非白人，二〇一〇年則是百分之三十六，跨種族婚姻從一九八〇年的百分之七倍增為二〇一〇年的百分之十五，女性的職場參與度也從一九七〇年的百分之四十四升高到二〇一二年的百分之五十七。

社會逐漸更加包容多元性與邊緣族群，有人認為是文化被侵蝕，有人則認為是明顯的文化進步。我個人非常支持這些社會變遷，特別是以更包容的態度對待傳統上被邊緣化的族群，我認為是遲來的正面轉變。我之所以清楚表示對這些轉變的支持，因為本書後續將談到轉變過程所伴隨的生長痛。社會的重大轉變使得習於傳統社會觀的人產生不適應性，因為傳統的規則逐漸消失，新的規則又尚無清楚的定義。社會進步的同時，我們確實也必須經歷不知如何是好的困惑。

此外，若要真正擁抱多元性，其實並不容易，仍必須付出更多努力。嘴上表示支持種族多元、兩性平權、同性婚姻是一回事，若要以完全開放的態度討論如何採行不同的態度與規則，則需要高度的意識覺醒與實際的努力。

曾經置身於陌生文化環境的人都知道，要學習無數新的社交規則是多麼困難，說錯話的機率又是多麼的高。即使像政治領導人背後有龐大的外交幕僚群，仍可能在跨文化互動的時候出糗。尼克森有一次在抵達巴西的時候做出OK的手勢（食指與拇指圈成O的手勢），但這在巴西就差不多相當於比中指。迪恩（Howard Dean）二〇〇四年在愛荷華黨團會議演講，不慎發出山貓一樣的叫聲，這段出糗的影片讓他成為「網路瘋傳影片」的始祖。小布希總統也是在海外說錯話出了名的，包含他謝謝澳洲（Australia）總理霍華派遣奧地利（Austria）部隊至伊拉克參戰。

佛州眾議員生力軍克特．克勞森（Curt Clawson）則是不必出國也可以跨文化出糗，在一場眾議院外交事務委員會的聽證會上有兩位資深美國官員列席：國務院的妮莎・畢絲沃（Nisha Biswal）與商務部的阿倫・庫馬（Arun Kumar）。克勞森議員（白人）必定錯漏了某些社交訊息，出自一片好意對著兩位印度裔美國人說：「我對你們的國家很熟悉，我很喜歡你們的國家⋯如果需要我協助促進與印度的關係，我非常願意也樂意出力。」克勞森議員接著還請求印度政府的合作，這時畢思沃不疾不徐的回答：「我想您提問的對象是印度政府，我們當然與您的看法一致，也必定會代表美國提倡與印度的合作。」

即便你一片好意，如果不熟悉多元文化，也可能搞砸或誤解某些微妙的文化差異。人際互動規則不明確的時候，雖然令人感到不自在，但正因為有生長痛，我們才能更敞開心胸、增長見識。我們逐漸瞭解該如何互動或在成為朋友的同時也必須接受新的規則，而同樣重要的是，當有人犯了錯，我們必須寬容以待，而非怒氣相向。

若要真正擁抱多元性，必須看到行為背後的意圖，而不是在他人看似無禮的時候就反射性地擺出被冒犯的模樣。克勞森議員的白目或許不是好行為，他一開始就把場面弄錯了，但他的語氣間傳達的是尊重與合作的精神。畢絲沃大可表示自己被冒犯，但在我看來，她的以禮相待卻讓事情有更好的發展。事實上，正直與禮貌才是面對未知社交環境的最佳策略。當你不確定他人對你有什麼期待，客氣與禮貌就是最好的立足點。

關於「禮貌」這件事

社會環境轉變之際，開始出現預期之外的現象，不少青少年竟積極希望學習應對進退之道。戰後嬰兒潮與X世代的青少年只要聽到父母嘮叨社交禮儀就開始翻白眼，但千禧世代卻渴望有人指導他們如何應對處理社交互動。過去數十年以來，人際互動變得比較不拘小節，不知何時開始，長輩也忘了教導孩子怎麼打領帶、如何在正式餐廳使用刀叉，或是參加晚宴該帶什麼禮物。在自己家裡不拘謹雖然很好，但青少年面對某些場合卻也就不知如何表現恰當的舉止，因而覺得尷尬。

二〇一三年紐約時報的艾力克斯．威廉斯（Alex Williams）寫了一篇關於千禧人類與社交禮儀的有趣現象，他發現被瘋傳的YouTube影片有許多是禮儀指南，最多的觀賞者就是千禧人類。你若上YouTube搜尋，就會發現數以百計的禮儀指南影片，包含正式的電子郵件如何正確使用標點符號、在擁擠的瑜伽課放屁該怎麼辦，以及正確的餐桌禮儀等等。此外也有許多公司花錢聘請禮儀專家教導年輕員工恰當的工作禮儀，市面上對社交禮儀書籍的需求也增加許多。

我最喜歡的禮儀書籍之一是艾美・愛爾康（Amy Alkon）所寫的《偶爾爆粗口的好人如何展現禮貌》（Good Manners for Nice People Who Sometimes Say F*ck）。這本現代指南可以教導你解決現代社交難題，例如怎麼判斷給別人留語音留言是否恰當，或是怎麼客氣地對付那些在安靜的咖啡館大聲講手機的人。因為科技進步與不拘小節的風氣，衍生出新的社交規則，愛爾康對此提供了許多因應之道，更重要的是，她說明了我們為什麼要有禮貌。她要傳遞的重要訊息是：禮貌非常重要，有禮貌才能向他人傳達你的同理心與尊重。

例如你走到外面去講手機，傳達的訊息就是你尊重他人的工作與隱私。你給別人傳簡訊，而不是語音留言，表示你認為對方的時間很珍貴。禮貌的舉動代表你諒解並尊重他人所重視的事物，以及你在意別人的需求。有些視人際互動為畏途的人認為禮貌不過是擾人的細節或是無用的形式，但禮貌其實是兩個陌生人彼此形成印象之際的重要社交訊息。如果你沒禮貌，就可能被認為是不合作、不公平的朋友或伙伴。

禮貌就像通關密語或手勢，一旦通過門禁之後，自然還有其他的規矩得遵守，但只要有禮貌就足以讓你先跨入門檻，啟動正向的能量。禮貌代表了你與其他人有同樣的價值觀或道德觀。道德議題研究先驅強納森・海德（Jonathan Haidt）認為，道德能夠讓人們凝聚在一起，他發現一般人都是憑直覺感應，端看他人是否遵守社交規範就立刻判定此人是否有良好的行為或人格。

多數的禮貌行為都與道德的五個基本範疇相關，可以簡單區分為：不造成傷害、公平、支持你的朋友或所屬團體、尊重權威、不惹人嫌。知道這五個範疇之後，就能輕易理解社交規範背後的道理。例如，一群人一起說某人的壞話，或許會因為同仇敵愾而短暫凝聚彼此，但八卦的行為也代表他們願意傷害團體中某個人的名聲，因而可能威脅到團體的健全。

我們以恰當的衣著準時出席活動，或是帶花束參加朋友的演奏會，心裡知道這些行為一定符合社交規範，同時能傳達對他人的尊重。這些事前的功夫可以讓別人看到你的體貼，知道你願意支持並協助他人，若能對他人傳達這些訊息，就再好不過了。

透過禮貌的行為，人們便可以預判與人互動初期的狀況，這些社交儀節有系統性的特質，非常適合社交囧星人條理分明的思考模式。禮貌因此是良好的立足點，但是，若要此類人融會貫通社交互動的微妙規則，則必須刻意努力轉移他們聚焦式的注意力。

與人為善，是最重要的交友之道

禮貌的舉止常在於細節，也就是不擅社交者注意力不及之處，他們比較不在乎時尚法則、餐桌禮儀，或是直白說話的禁忌，有時甚至故意忽視禮儀或客套，認為這些都只是達成重要結果的障礙因素，但更多時候是真的不知道什麼才是恰當的禮儀，真的不知道別人為什麼覺得他們無禮。只因為他們在互動初期沒有遵守社交規範，使得初相識的人形成錯誤印象，無法得知他們其實有公平或善良的正面特質。

道德行為的五個範疇以及與之相符合的行為範例

道德範疇	相對應的行為舉止
不造成他人的傷害	不霸凌、不在眾人面前指出他人錯誤
公平	分享、輪流提供協助、不作弊
支持你所屬的團體	不八卦、讚賞他人的成就
尊重權威	準時、衣著恰當、尊重傳統
不惹人討厭	洗澡、閉口咀嚼、不當眾做剔牙等清潔動作

針對社交囧星人的交友狀況，少數幾項研究顯示他們在兒時與初成年時比一般人更難結交朋友與維繫友情。其中一項研究是維吉尼亞聯邦大學的裘柏（Lisa Jobe）與懷特（Susan Williams White）對一組大學生進行調查，希望瞭解不擅社交與擅長社交者的親近友誼與孤單狀況有什麼不同。裘柏與懷特發現，不擅社交者的親近友誼平均維持四年半，比擅長社交者的八年短了許多，顯示不擅社交者需要更長的時間才能建立並維繫親近友誼。她們也發現，越是社交技巧匱乏的受訪者越是感到孤單，並指出背後的原因是他們常無法解讀社交狀況，並且缺乏社交技巧。

所幸「禮貌」就像多數的社交劇本一樣，都是依循「如果⋯⋯就⋯⋯」的規則，適用於多數社交狀況。如果朋友為你做晚飯，你就該提議自己會帶點東西過去，並幫忙洗碗。如果你是女性，參加婚禮就不該穿白色。禮貌的舉止可以幫助你知道因應與人互動的初期，這對不諳社交之道的人而言也是最困難的階段。想要施展魅力或幽默感是另一回事，但「禮貌」都是可預期的規則，在與人互動之前或過後都能持續學習與練習。

學習社交禮儀確實有助於改善社交技巧，但更重要的是在狀況發生之前就思考如何做到公平或善良。如果對人際互動容易感到尷尬或敏感的人，善用自己對例行性與系統性的喜好，用於練習執行禮儀，就能藉由明確的方式預判跟他人互動之初的狀況，並思考如何因應可能發生的狀況。禮儀可以降低社交場合的未知性，讓人能專注在當下的狀況，挪出更多心思因應不可避免的未知狀況，並做出更恰當的即時反應。

某些社交禮儀已經過時，不同族群也會有不同的禮儀，因此我們必須在過與不及之間找到適切的範圍。就如人類學家法蘭克·鮑亞士（Frank Boas）所說：「……什麼才是禮貌、謙遜、良好舉止、道德行為，並無共通標準。」某些人之所以言辭與行為舉止笨拙，部分原因是他們在輕鬆場合依然死守正式規矩，以致於穿著正式服裝出席海灘派對、說話措詞聽起來像五〇年代的人，原來他們過時的用字遣詞出自於社交禮儀書籍，只是他們閱讀的時候沒注意出版日期是早在數十年前。

即便只是十五年前出版的相關書籍，恐怕都已嚴重過時，因為當時不可能討論網路社交因應之道。電郵、社群媒體等網路平台使得手機與電腦社交無所不在，網路社交越來越普及，我們必須學習許多新的社交規矩，也不確知如何結合網路社交與實際生活社交規矩，因而有些困惑。但網路社交也為社交型內向者開啟了新契機，可以透過網路找到特殊興趣的同好。

二〇一一年，臉書每月使用者是三億七千兩百萬人，二〇一五年增為每日十億以上。全球三分之一人口都在臉書上，半數的千禧世代每天一睜開眼就先看臉書。雖然我們有時會抱怨自己對社群媒體太過依賴，但還是有很多人忍不住不看臉書、推特、IG或Snapchat的最新貼文，就怕會跟不上最新進度。社群媒體提供的社交資訊之多，可說前所未見。社交能力薄弱的人本就不知如何分辨哪些資訊有用，也不知該如何回應，或許更會覺得無力應付。

網路社交最主要的副作用就是讓人費疑猜，人類數千年以來依賴的社交訊息並不存在於網路，訊息若非當面傳遞，而是透過網路，我們經常得猜想對方究竟想說什麼。朋友一向在訊息最後打上「!!!」，今天卻突然只打句點，你就不免狐疑自己是否做錯了什麼。如果老闆用大寫字母傳訊息，你也會猜想老闆只是加強語氣，或是生氣了。紐約大學的賈斯汀・克魯格（Justin Kruger）的研究團隊請受訪者分別判斷電郵與口語訊息所傳達的意思是認真或反諷，同樣的訊息若以電郵傳遞，受訪者正確判斷是認真或反諷的機率是百分之五十六，若以口說方式傳達，則正確率為百分之七十三。社交工具的演進沒有不好，但在開疆闢土之際總會遇上未知因素，我們也還需要釐清如何善用新興社交媒介。

熱衷於特殊興趣的社交囧星人在社群媒體普及之前或許很難遇上同好，如今透過網路卻方便許多。例如電玩遊戲、漫畫等過去被視為小眾嗜好，不容易找到志同道合之人，例如偏鄉孩子想學習電影製作或編碼技術，恐怕很難找到專業諮詢或互助團體，如今線上社群既能匯聚實用資訊，又能幫助同好彼此結識。若能經營良好的網路生活，也能從中獲得肯定，並與他人建立感情。許多宅宅認為線上交友過程比較令人自在，因為無需應付一般社交訊息，如非語言訊息、語氣，或表情等。如果大家都一樣少了這些訊息，必須處理的資訊減少，反而降低了與人互動的複雜度。

只是網路媒介不足以提供歸屬感，我們還是需要面對面與朋友接觸，才能真正感受到情感聯繫，並覺得自己找到了歸屬。學術界對網路社交的研究逐漸增多，結果也顯示網路媒介最大的用處是促成面對面的接觸機會，並輔助我們實際與人交友，所以最理想的做法就是利用網路與人溝通，以之催化或強化友誼，但與人面對面相處的時候，就要關閉網路通訊裝置。雖然線上交友是尋找新朋友的極佳管道，但也有某些互動規則必須學習與遵循。

我們打開簡訊、電郵，或登入社群媒體，面對的是相對模糊、未臻成熟、隨平台各異的社交規則。例如，以意識流的風格發文，在推特或許可行，在臉書就有點討人嫌；你想買的廚房手套適合貼在Pinterest，放在ＩＧ就有點無聊；在墨西哥參加泡泡趴的比基尼自拍放上ＩＧ很棒，若是LinkedIn可能就毀了你的職業前程。早期的臉書使用者經過數年才意識到上傳家庭瑣事、健身房打卡，或分享每日通勤狀況，都不是線上社群希望獲得的資訊。後來的ＩＧ提供了不同的社群媒體環境，其中的社交規則也不同，你大可分享手烹健康晚餐的照片（#好吃）、你吃了幾個月的健康晚餐之後終於出現的腰線（#幸運），或是你下班回家途中拍到的日落景象（#危險）。

我們摸索著該建立什麼樣貌的網路身分，同時也設法想瞭解網路身分與實際交友有什麼關係。大家總愛說自己不在乎社群媒體，其實只要貼了照片或連結，就緊張兮兮地猛看手機，希望按讚或留言的數量體面一些。這表示我們認為貼文受歡迎程度就等於我們在朋友之間的地位，甚至有助於提升社交地位。不過，有證據顯示在網路受歡迎就等於在真實世界也被愛戴嗎？

學界研究線上行為與離線社交生活，結果呈現出令人意外的細微差異。作者檢閱了的數項研究報告，其中最有趣的結果是關於線上行為與受歡迎程度是否等於被喜歡。我們先前已討論過，具有影響力的人不見得就是他人眼中的好人，只是當我們迷失在社群媒體的世界，可能就忘了這一點。

耶魯大學研究員柔芮娜・艾哲薇（Zorana Ivcevic）與娜莉妮・安芭迪（Nalini Ambady）對社交性格與社群媒體做了一項有趣的研究，希望瞭解臉書使用者的人格五大特質（外向性、開放性、和善性、嚴謹自律性、神經質）是否與他們的臉書行為相符合，研究人員連續三週追蹤九十九位大學生的臉書活動，發現「和善性」（願意與人為善）指數高的人上臉書發文的頻率較低（除了要給朋友加油），卻有比較多人主動在臉書與他們互動。

其他相關研究也都指出，無論在真實世界或網路，受愛戴的人都有與人為善的個性，也就是公平、善良、忠誠。

社交怪咖也可以是和善的好人

柏克後來成為網球好手，更是我的好朋友。有時我會想到，如果他現在還活著，不知會如何因應過去二十年以來的社會變遷。他或許會因為傳統禮儀逐漸喪失、自拍照片無孔不入的現象而罵個兩句髒話，但我相信他必定不會改變一貫慷慨、公平、忠誠的特質，也會持續激勵他人發揮同樣的特質。每當我遇到惡劣的狀況，經常會想著，如果是柏克，他會怎麼應付類似狀況？又會說什麼話來鼓勵我？

因為像柏克這樣的朋友，讓我處理社交生活的方式完全改變，與其努力遵循枝微末節的規矩、汲汲營營設法被社交團體接納，不如在面對每個狀況的時候都先思考「我能有什麼貢獻？」，之後似乎都能船到橋頭自然直。如果我持續維持與人為善的態度，即便有時不慎搞砸某些狀況，或弄錯某些規矩而冒犯到他人，也還能有緩衝餘地。我也發現，只要你給他人留些餘地、主動對他人好，就能累積更多社交資產。這種與人為善的態度可以在社交團體產生涓滴效益，因而凝聚眾人。

雖不能完全依賴朋友來改變自己，但偶爾確實能走運，結交了益友，意外對自己產生深遠影響，從此改變了眼界。因為柏克，我從被動應付社交，變成主動在事前思考如何付出。

有人說，你只要觀察某人在無利可圖的時候如何對待他人、面對逆境的時候如何自持，便能窺得此人本性。柏克在大學三年級被診斷出癌症末期的時候，我就看到了他的本性。

柏克處在生命中如此艱困的逆境，我們卻更看到他對旁人的好。他從不抱怨醫院伙食，也不埋怨護士的抽血技術不好，他拿自己光滑的禿頭來打趣，還說剪裁拙劣的醫院病服是他時尚品味的升級。我每次去病房探望，他都會說我這樣花時間去看他，他非常感激，即便身體虛弱也一定努力坐起來倒水給我喝。被關在病房的他已經無法體驗大學生活，卻興致勃勃地希望聽我的校園生活有什麼正面進展，也真誠關心我遇到什麼挑戰，事實上他的挑戰遠比我的艱難許多。

別人堅持的社交規矩，柏克雖不在乎卻予以尊重，即便他的行為偶爾有些古怪，別人也不會在意，因為他們知道柏克的行為都是依循正面的價值：公平、善良、忠誠。大家因此都想跟他做朋友，且希望仿效他。

第八章
最具挑戰性的人際問題——親密關係中的性與愛

在我九年級那年的春天，厄夫斯坦教練安排了為期四週的高爾夫球課，我們就在足球場拿著推桿與三號鐵桿來回走動，以我們當時穿的八〇年代標準體育服：又短又緊的五吋紅色尼龍短褲、下緣只剛好到褲頭的貼身白T恤，若是去高爾夫球場必定吃閉門羹。

學年第八個月、高爾夫球課第三週的時候，我們逐漸對高爾夫的緩慢步調感到無聊，想著要找點什麼刺激。一個多雲的午後，我們想要的刺激出現了，當時大家在第五洞，兩隻大型犬在發球區迎面走向對方，然後如陰陽圖像那樣繞圈。我們察覺好戲即將上演，所謂好戲就是不該看的東西。

兩隻狗持續嗅聞對方，其中的原始性引得一群青春期孩子咯咯發笑。後來公狗開始因為母狗的氣味而興奮起來，牠後腦反射性的啟動了牠的紅色火箭。我們因為好笑又驚恐而爆笑，笑聲在球場迴響，就像野生動物召集同伴的呼叫聲，大家都丟下球桿，跑到第五洞看熱鬧。我們圍繞著壯觀的挺拔，因為粗野的愉悅而吃吃笑，直到兩隻狗的陰陽環繞與嗅聞停了下來，大家的笑聲變成緊張的期待，安靜得幾乎能聽到高爾夫球掉落在草地上的聲音。

這堂生物學體驗課的高潮是情急的公鬥牛犬終於騎上母臘腸狗，那母狗竟毫不在乎的模樣。牠們的合體姿勢非常怪異，動作非常急促，我們都看呆了。隨著公鬥牛犬的熱切轉為勞務似地反覆，大家安靜得越來越令人無法忍受。

突然，克萊絲尖叫起來，她的一雙綠眼睛像卡通片那樣睜得圓圓的，一邊摀著嘴，急切指向驚慌的來源。大夥的視線順著她的指尖，落在帝彌的紅短褲，發現帝彌的火箭也呈現發射姿態。克萊絲大聲說出大家其實不想聽的：「帝彌硬起來了！」

帝彌站在他當下最不想存在的地方，採取了唯一能維持尊嚴的辦法：慢慢背過身，雙手擋在短褲前面，站著一動不動。大家一陣尷尬與不知所措，突然一致對高爾夫球恢復興趣。同學們竟如此有同理心，心照不宣地只想讓場面不要更尷尬，全都快步回到自己的球洞，眼睛也全都盯著球桿，與此同時，帝彌溜回了更衣間。

我相信帝彌並不知道自己為什麼在那時搭起紅色帳棚，或許會懷疑自己是否註定要變成深夜廣播節目茹絲博士說的那種性變態。帝彌不恰巧的興奮剛好與狗兒交配同時發生，兩者或許根本沒有因果關係。青春期之所以如此令人尷尬，就是因為我們在愛情啟蒙階段恰好必須學習一生當中或許最具挑戰性的社交規則，此外還得面對生理與心理令人無力招架的強烈變化。

青春少年感應到的世界似乎特別強烈、急促，且難以預測。等到荷爾蒙逐漸穩定，也熟悉了複雜的社交規則之後，情況也會隨之改善，不過，愛情關係的經營卻是任何人都無法直覺理解的一個社交領域。即便成人之後，依然會覺得愛情既強烈、急促，又難以預測，總是令人招架不住。尷尬的感覺本就是戀愛的一部分，科技的演進卻又衍生出一種新的尷尬，使得戀愛的規則比過往任何時代都更加模糊。

當婚姻不是戀愛的唯一終點

你覺得談戀愛很尷尬嗎？並非只有你這麼覺得，事實上，戀愛與性愛變得如此尷尬，已經快要無法分辨究竟是社交怪咖還是社交達人談戀愛比較困難。數千年以來，戀愛的結局都是婚姻，卻在短短數十年之間出現劇變，當代戀愛關係因而開始令人困惑。互許終身已經變成游移不定的目標，因此要規劃通往目標的道路，也就是單身生活的起點與終點，也跟著變得困難。

例如，第一次約會成功之後，你要傳達的訊息是：「我很開心，想再跟你見面。」對現代的單身男女而言，一個簡單的訊息卻牽涉到許多複雜因素。究竟應該發手機簡訊？或是約會app訊息？或是應該冒著風險勇敢打電話？如果選擇發簡訊，內容是否該包含表情圖示？簡訊最後應該打句點？驚嘆號？或不打標點符號？應該回家之後就發簡訊？或是隔天？或是多等幾天、卻還不到週末的時候？每個細節都可能產生心理作用，因此都是重大的決定，稍不慎就可能讓對方以為你沒興致或太飢渴。因為實在弄不清怎樣的言行才算恰當，戀愛給人的感覺變得進退兩難，也就是尷尬。

二〇一三年，各年齡層的未婚比例都創下歷史新高，百分之四十八的成人都是單身，部分原因是百分之四十一的首婚都以離婚收場，此外也有更多人不婚。皮尤研究中心的研究指出，一九六〇年有百分之六十八的年輕成人（十八至三十二歲）為已婚，在一九九七年降為百分之四十八，到了二〇一三年降至百分之二十六。

某些社會學家認為千禧世代只是等待較久才結婚，但我發現並非完全如此。皮尤研究中心在二〇一〇年對十八至二十九歲的千禧世代與五十至六十四歲的戰後嬰兒潮世代進行比較，發現他們對婚姻的態度已經轉變。較多的千禧世代受訪者（百分之四十四）認為婚姻制度已經過時，嬰兒潮世代則是百分之三十四，千禧世代受訪者有百分之四十六認為新型式的家庭是好的發展，遠高於嬰兒潮世代的百分之二十八。年輕人究竟為什麼延遲婚姻或不熱衷結婚，我認為目前尚無法確知原因，但他們的轉變倒是引出一個實際的問題：「如果成年人不忙著結婚，那麼他們究竟在忙什麼？」

在一個約會軟體與「好友萬萬睡」的時代，以下的研究結果或許令某些人感到驚訝。皮尤與蓋洛普的調查結果指出，多數人依然希望獲得真愛，受訪的多數千禧世代單身人士仍希望未來某天能結婚（百分之七十），各年齡層單身人士平均也有百分之八十七想結婚或再婚。多數人仍想有個愛情故事的結局是：從此以後過著幸福快樂的生活。但多數的單身者，不論是離婚之後重回約會市場，或是想在Tinder或Bumble認識優質帥哥或美眉，都認為外面的世界不好混啊！

你能聽懂愛情的方言嗎？

「墜入愛河」是定性變數。沒有人會形容自己「有點墜入愛河」，只要墜入愛河，必定墜得紮紮實實。雖然一生遇不上幾次，促成因素卻相當簡單，主要成分有二：好感與慾望。只要這兩者充足，就有很高的機率可以讓人跨過河岸、墜入愛河。

假設你要的結局是在二十二歲結婚，並且根據你是否愛上對方而決定跟誰結婚，那麼談戀愛的目標就相對明確：只跟你可能愛上的對象約會。然而，如果你的目標是延遲到三十歲才結婚，就會空出一大把二十幾歲的光陰不知如何處置。你若大約十五歲開始約會、二十二歲結婚，基本上有七年的時間可以找對象，如果十五歲開始約會、二十九歲結婚，約會時間就倍增為十四年。

現代戀愛就像你把宴客時間從晚上七點挪到九點，因此不能太早把鴨子放進烤箱，等待期間也不能先吃，但還是會覺得餓，所以決定吃點零嘴，剛開始只是啃些健康的小紅蘿蔔，然後覺得需要沾沙拉醬，之後又拿出可以填飽肚子的小包子，在回過神之前，已經拿著一罐花生醬直接挖來吃。你選擇的零嘴越來越不健康，吃著也不舒服，然後你突然狐疑自己底為什麼吃零嘴。

這就是想找到真愛、又不想太早找到真愛的現代單身生活。我認為單身生活與婚姻生活都應該以最好的方式去過，但取得平衡卻不容易。就如同晚宴主人為求完美而不能太早開始做主菜，單身人士也不願太早墜入愛河，因為愛上了就必須給承諾，而給了承諾就必定會侵蝕你的獨立生活。兩人一旦墜入愛河，就會啟動一個必然程序，包含討論是否有所謂的「我們」，一起養寵物，同居，最終就是婚姻。你若刻意拖延這個進程，兩人的感情就像鴨子太早進烤箱，烤好之後放在保溫燈下，香氣逐漸流失，肉也越來越柴。

為了避免愛情變柴鴨，想約會又要預防墜入愛河的人有三個策略選項，但仍須在「承諾」的滑坡上謹慎跨步。第一個策略：找一個你有好感、有慾望，但兩者都不太多的對象。不過，因為兩個戀愛必要成分已經存在，這個策略顯得有些冒險。若不願冒險可以選擇第二個策略：只有慾望的對象。或是第三個：跟有好感的朋友萬萬睡。

選擇第二個策略的人認為，人都有肢體親密的需求，所以選擇非固定交往的對象來滿足這個需求。交友app的出現讓事情容易了許多，這類科技平台的過濾基準都是個人照片，使用者主要都是以照片評估對方的外表吸引力。約會目的若只是滿足慾望，app就是尋找暫時伴侶的理想媒介，除了介面設計的效率很高之外，在大都會地區使用app找伴，可能性幾乎無窮無盡。若選擇第三種策略「有好感、無慾望」，則必須重新區分你的朋友，把某個朋友變成萬萬睡好友。

選擇「只有慾望」或「好感＋好友萬萬睡」的對象都有一個問題，就是慾望區與朋友區之間沒有清楚的分野。例如某些行政區之間有遼闊的河流作為間隔，某些卻只是在地圖上劃出彎彎繞繞的一條線，就成了行政區或投票區的界線，這種人工界線的劃分常是為了強化特定政黨的票倉。原只是個沒有危險性的朋友，只負責填補愛情空檔，陪伴你吃飯、溫存、相擁而眠，某天卻開始有了吸引力，令你忍不住想重新劃分友誼與性愛的界線。而選擇第二個策略的人或許自以為可以輕易分辨親密情感與肉體關係，其實肉體的親密有時也可能喚醒本該處於休眠狀態的愛意。

約會與性愛都需要特殊的社交技巧，本就有某種程度的尷尬成分。如今因為擇偶方式與結婚時機都已大幅改變，科技進展也讓人可以輕鬆找到新的約會對象，使得當代約會現象呈現出前所未有的尷尬。

人類在漫長的婚姻史上，大多毋須擔心該跟誰結婚，那都是別人幫你決定的。後來漸漸出現自由戀愛，雖也伴隨出現複雜因素，多數人的觀念仍是「讓我們彼此相愛，然後在高中或大學畢業之後結婚」。但到了當代，我們對戀愛的期望更多元，意味著我們擁有更多自由，同時卻也更摸不清對方的期望。為了釐清對方只是朋友，或是可以萬萬睡的朋友，又或是前來尋找真愛的人，你必須像學習外國語言一樣學習愛情專用的社交訊息，只是當代的愛情語言卻出現越來越多種方言。

虛擬世界的網路交友

我唸中學的時候，最詭異的行徑也不過是騎腳踏車繞過女生家門口，還要都刻意裝無辜，免得那女孩或她爸媽剛好往外看，不過我常聽到女同學評論其他男生騎車經過她們家，顯然我只是自己以為看起來無辜。有時我很想多繞一圈，但當時的我認為只有失心瘋的人才會對愛情那麼飢渴。

現代單身人士把網際網路當成隱形衣一般，可以掩飾騎車繞女生家之類的行徑。因為網路上的身分相對隱匿，你便可以盡情挖掘心儀對象在eHarmony或OkCupid的個人資料、研究對方在ＩＧ的社交軌跡，或是臉書的戀愛史。除了這些詭異的秘密行徑，你還能上Google搜尋對方，看看是否有陳年的Myspace檔案裡藏了什麼資訊或線索，可以指出對方的人格缺失。這就像你騎車繞過某人家，在附近走來走去，然後潛入家中看他們的相本或日記。但在網路跟蹤別人，卻沒人能看到你的無禮舉動，只有你自己知道很尷尬，就像淋浴時順道小解一樣，是大家都做過卻沒說過的丟臉事。

做完秘密情報蒐集之後，你或許會決定給對方發訊息。你小心翼翼雕琢了一篇訊息，在按下「寄出」鈕之後立刻開始焦慮，在對方回覆你的瓶中信之前，你越來越焦慮，一分鐘過去，兩分鐘過去，對方毫無回應，甚至沒有對話泡泡開始跑動的跡象……你開始認為自己寫的訊息必定蠢到致命，可能字數太多了，或是驚嘆號不夠多，或是不該在傍晚發訊，應該下午發。然後，就在你絕望的時候，她回覆了。

等待一整天的好事終於發生，但你可得撐著點，先裝酷，為免被看出你很急。你立刻發明一套高精度計算法，也就是要等待兩倍時間才能再給她回覆。只是你一邊等時間過去，一邊拿這些時間反覆思量她最後以「xoxo」做為結尾到底是什麼意思，也許只是個友善的 xoxo，像歐洲人跟朋友親吻雙頰那樣，但也可能有別的意涵，於是你的視線離不開手機、約會 app、她的訊息，只能不停思考那甚至不是英文的四個字母有何哲理隱含其中。

這種瘋狂的現象如今已屬正常，雖然研究人員對線上交友行為的瞭解尚在初期，但可以肯定的是科技輔助的社交造成了極大的焦慮感。二〇一五年，以初成年者為客群的線上雜誌，例如Elite Daily與BuzzFeed開始報導相關話題，例如暫停約會與獨處的益處，或是無端收到情色簡訊的困擾。如果你已經懶得再回訊息婉拒線上追求者，二〇一六年出現的一個app可以透過聊天機器人（Bot）幫你寄出語意模糊、避重就輕的訊息。至於已經放棄約會遊戲的人，也有另一個app可以讓寂寞的人花點錢請人陪你純睡覺。儘管如此，線上交友仍有相當的成功率，約百分之二十五至三十的婚姻就是如此促成。但許多單身人士卻覺得線上交友對某些人來說只是遊戲，你很難分辨對方只是想玩一玩，或是真心尋找伴侶。

線上溝通缺少了許多社交訊息：眼神、表情、人際空間距離、肢體接觸，因此產生許多不確定性，對談戀愛來說尤其不妙。調情多半就是仰賴非語言訊息的傳遞，只有面對面才能知道你是否喜歡對方的味道、說話音調，或是笑起來嘴歪歪的模樣。只有當著面，你的對象才能對你投以意味深遠的一瞥，或是在扶你的肩膀的時候多停了一秒鐘。

等你終於通過約會軟體的考驗，也成功解讀對方的調情密碼，就能進入肢體親密的階段。雙方終究都會做好性愛的心理準備，也就是面對面互動的終極狀態：令人終極尷尬的性愛。

減少約會尷尬的四要素

愛情科學家的研究結果反覆出現四個總是能催化吸引力的因素：距離相近、彼此相似、互表好感，以及外在吸引力。聽來或許像是常識，但研究人員發現，一般人並不常採取與上述因素相關的行動。社交內向者常比較自我封閉、興趣又獨特，即便有心儀對象也難以啟齒，所以我列舉幾個可以啟動上述四個因素的辦法。

一、拉近彼此距離

- 在線上交友平台註冊，製造虛擬的近距離。
- 經常去理想對象出沒的地方。是老饕就去特殊食材店，愛好漫畫的人去漫畫祭，作家去咖啡店……
- 常聽人說「別當壁花」，這是有道理的，所以在人來人往的地方，你得設法別顯得太詭異，或許可以自告奮勇在活動的報到櫃檯幫忙，或是在朋友的派對幫忙遞飲料。

二、增進彼此相似之處

- 談論興趣的時候，別只泛泛而言，盡量具體一些，與其說：「我喜歡看科幻小說。」不如說：「我很喜歡漫威漫畫。」大家都會喜歡跟自己有相同喜好的人。

- 與人對談時，記得探問對方的興趣，看看是否與你有共通之處。

三、增加彼此好感

- 時機對了的時候，你得設法表達：「我對你有意。」或是「我真的很喜歡你。」否則已經萌芽的愛情也可能枯萎。
- 別太露骨。不擅長社交的社交囧星人喜歡一個人的時候，常顯得太過積極。如果你在第一個月就打算送對方珠寶或機票，很可能導致尷尬的結果。

四、提升外在吸引力

- 這一點比較難以控制，但肯定有效的做法很多，例如保持個人整潔，做適合自己的打扮。
- Tinder的調查結果指出，若要增加線上吸引力，你的照片要有笑容、避免穿中性色系的衣服，也不要貼團體合照。

性愛超尷尬

麥可的婚姻幸福，但性愛不足。性愛缺乏的問題不是誰的錯，只要夫妻同時忙碌於職場與照顧八個月大嬰兒，因而睡眠不足，大約都是如此，麥可與太太崔西也一樣，性愛的快樂幾乎要成了過往雲煙，難得的程度就像晚間十點新聞或一夜好眠。

麥可與崔西在麻省理工學院唸三年級的時候相識，麥可主修機械工程，崔西則是心理學，算是不尋常的組合，兩人卻非常契合。麥可身高六呎八吋，肩膀寬闊、身形健壯，儘管有強健的體魄，還曾經是大學足球隊前鋒，但你只要看他一眼就能察覺他是個社交囧星人，大家都知道他無法判斷自己的身體跟周遭物件的相對位置，常導致各種意外，但這看在崔西眼裡卻可愛極了。崔西身材嬌小，舉手投足非常協調，小時候是有全國排名的體操選手，十三歲才決定放棄爭取奧林匹克選手資格，走上學術的道路。她長袖善舞，能言善道，不論肢體身段或社交身段皆然，但她非常喜歡麥可的親善個性與敏銳的分析能力。

他們的寶寶最近連續三個晚上都很乖，兩人也獲得充分休息，因此都相當有興致。洗完澡之後，麥可先進臥室，上床把被單拉到下顎，經過三個月的性乾旱，麥可驚喜的看到崔西從浴室出來的時候，不是穿平時睡衣褲，而是一絲不掛，麥可很興奮。

之後的細節我就不寫了，免得讀者覺得無聊。但可以寫的也不多，乾旱太久的麥可與崔西只想省略義務性的甜言蜜語，兩位前運動員直接進入賽時的專注態勢，快速通過已經操練無數次的程序：相擁愛撫、親吻，崔西先在上，然後麥可在上，全然是熱切、原始的性愛，兩人進入印度慾經的境界，就在最狂熱的時刻，崔西喊著：「啊！麥可！厲害起來！」

好！就厲害起來吧！……等等！這是什麼意思？

麥可不曾在做愛之際聽到對方要他厲害起來，但他的性愛史相當有限，他心想或許這是性愛菁英常用的語言？或是女性雜誌提供的「取悅男人的七個方法」之一？對於人際互動了解不多的麥可於是啟動思考程序，想著該如何符合崔西要他「厲害」的期望。他開始剖析，並認為以任何客觀標準來看，當下的性愛品質已經很厲害了，因此他猜想或許是崔西不服輸的個性在催促他拿出看家本領，把他的性愛潛能發揮到極致。

麥可撐起身子，姿勢就像瑜伽上犬式，舉起右手與身體垂直，然後使力展示二頭肌。他知道崔西喜歡他的肌肉，所以他想，若是展示肌肉，或許就能「厲害起來」。他看看自己隆起的二頭肌，再看看崔西，想知道她對眼前的性愛奇觀是否滿意。

崔西一臉困惑，衝口說：「你在幹嘛？」卻立刻因為語氣中的指責而後悔，恨不能收回，但當時的狂熱讓她來不及過濾自己的語言，於是她放緩了語氣，把先前的話再說一次：「對不起，麥可，我是說，你可以起來嗎？」

麥可最近胖了點。事實上，自從上次做愛以來，他多了大約二十磅，對崔西來說有點負荷不了。麥可在興奮的狀態下，把崔西說的「你快起來」聽成「厲害起來」。熱情過後，麥可與崔西並肩躺著，尷尬得紅著臉，隨即爆出笑聲。即便是菁英運動員，性愛也可能令人尷尬啊！

雖然很多人都有尷尬的性愛經驗，但我們有理由相信當代的性愛比過往世代更令人尷尬。包含美國的許多國家對性愛的態度都已轉變，大眾傳媒對性愛的呈現方式也不一樣了，這或許是因為個人對性愛的期望也已經改變。威爾絲（Brooke Wells）與端菊（Jean Twenge）曾經研究各世代性愛態度與行為的差異，綜合社會調查（General Social Survey）提供了三萬三千名成人作為代表性樣本，供威爾絲與端菊研究各世代對婚前性行為與隨興的性愛是否有態度上的差異，此外她們也研究性愛行為的差異，例如一夜情與性伴侶的總數。

他們比對十八到二十九歲的戰後嬰兒潮世代、X世代、千禧世代對婚前性行為的態度，發現接受度呈現穩定上升，嬰兒潮世代百分之四十七、X世代百分之五十、千禧世代百分之六十二都表示完全可以接受婚前性行為。青春期性愛行為也隨世代演進有更高的接受度，而婚外情的接受度卻呈現下降趨勢。在性愛行為方面，X世代的性伴侶數量高於嬰兒潮世代，但千禧世代卻少於X世代。整體而言，研究顯示性愛態度隨時代的前進而演變得更開放，但我們原以為千禧世代的性伴侶應該最多，從資料上看來卻非如此。

雖然性伴侶總數在三個世代之間的差異不大，但我們有理由相信人們的性愛態度已變得比較開放，也願意嘗試更多樣的性愛活動。當情色小說《格雷的五十道陰影》在二〇一一年出版的時候，出現了史上少見的性愛好奇心大爆發。小說主軸是一段施受虐狂式的性愛關係，意外吸引廣大閱眾，到了二〇一五年，五十二種語言版本的「陰影」共賣出一億兩千五百萬本，作者也在二〇一二年被時代雜誌選為百大影響力人士之一。那些住在郊區的夫妻，對一成不變的性愛模式已感到厭煩，他們看到了各種新奇的可能性，想像中的閨房樂趣便開始往冒險的方向發展。

《格雷的五十道陰影》描寫施受虐狂式的性愛行為，但基本上是性幻想小說，而非性愛新手指南，卻造成情色玩具銷售量大增，夫妻們興奮地試用新玩具，各年紀層的夫妻都開始嘗試上手銬、綑綁、鞭打，卻不懂得應以安全的方式滿足他們對狂野性愛的渴望，尷尬情況於是一一出現。在「陰影」暢銷的各國，消防隊與救護車被緊急呼叫前去處理閨房意外的頻率大增。二〇一五年，倫敦市消防局甚至在電影上映之前發出公告，請求觀眾需謹慎演練電影情節。倫敦消防隊員在前一年共奔赴處理三百九十三次「陰影」相關緊急事件，包含二十八對夫妻弄丟了手銬鑰匙，以及不當使用情色玩具造成的各種傷害。

除了「陰影」熱潮之外，也有許多人因為情色產品取得更為容易而得知更多性愛方式。在這個大數據時代，有許多現成分析數據可以得知最熱門的情色搜尋主題，我就不一一敘述這些令人臉紅心跳的分析結果，不過，從最受歡迎的情色網站Pornhub的數據可知，在復活節期間，兔子相關的情色產品需求便增加百分之八百四十五；到了聖派崔克日，愛爾蘭矮精靈相關的情色產品需求則增加了百分之八千。

現有的研究報告尚且無法確認情色產品是否導致性愛態度與行為的嚴重問題。某些報告指出，高於平均值的情色產品消費，與令人憂慮的性愛態度與行為，兩者之間確實有關連，但也有其他報告認為情況並不嚴重。另一個問題則是，各種性愛行為知識越多，是否使得夫妻性關係也越尷尬？其中一種可能性是，因為性愛產品消費增加，伴侶之間對性愛的期望也出現較多彈性，因此覺得新的性愛行為很有趣，而不是尷尬。但也可能造成夫妻兩人對性愛的想法南轅北轍，那就尷尬了。當你一絲不掛的時候，不知為何就是特別容易尷尬。

找到你的Mr. Right

關於社交怪咖與他們的戀愛經驗，有幾項研究可以提供一些觀點。我們常直覺以為這類人不懂得判斷微妙的放電行為，可能也不知道如何放電。他們若不懂得解讀浪漫情境或採取必要行動，應該也就不容易擁有愛情。

放電就像是社交技巧界的雙黑道（以雙黑離菱形為標示的專家級滑雪道），沒有特定訊號可以直接告訴你這人對你有意思，情意的解碼必須靠你接收多重訊息，從中尋找是否有某個模式指向對方的浪漫意圖。例如對方正面面對你，與你四目交接，並面帶微笑，或許就只是個擅於社交的人親切對待你。但她若是正面面對你，傾身進入你的個人空間，數度凝視你，一邊輕笑一邊撥弄頭髮，輕觸你的腿，那麼你就可以合理猜測她可能對你有意思。問題是可能性指數從來就只是一種令人抓狂的漸進上升，不可能讓你百分百全然確定。也就是說，在你加總訊息之後，總還有錯誤解讀的可能性，而某些人弄錯的機率又比一般人高一些。

關於不擅人際關係族群的戀愛關係有一份有趣的研究報告。卡爾頓大學的銘塔（Kojo Mintah）的碩士論文訪查了一百二十四位大學生，試圖瞭解社交內向一族是否容易誤解他人對自己是否有意，結果發現他們比較容易將友善錯認為放電。受訪者對友善行為的錯誤解讀，造成他們容易出現不恰當的約會行為，例如過度執著或說出不當言論。

此類人不懂得解讀社交訊息，這種障礙可想而知在戀愛的時候尤其是問題。有人若對你有意思，你卻跟木頭一樣，情況當然尷尬。但打錯靶也有機會成本，亦即你可能錯放了更可能成功的對象。種種因素都指出非社交高手可能因為無法辨識情意訊息，所以談戀愛的機會也較少。

為了釐清上述論點是否屬實，維吉尼亞聯邦大學的裘柏與懷特召集了九十七位大學生參加研究，發現害羞木訥的受訪者當時有對象的比例較高，不是因為他們的戀愛機會比較多，而是因為感情維繫時間較長（平均十八個月），非外向擅交際者的感情則平均維繫十一個月。

這個結果可以用幾個方式來解讀。一個務實的解釋是，自知社交技巧不佳的人，另覓愛情的挑戰度比較高，不如持續維繫當下的感情。另一個解釋是他們不需要應付像別人那樣多的戀愛機會，因此更謹慎做選擇，或是因為他們在示愛的時候感受到的焦慮會比一般人更強烈，所以會事先確認自己確實有意於對方。

社交囧星人一旦進入一段感情，在熱戀期的神魂顛倒消退之後，必須與對方協調另一套相處之道。親密伴侶之間總是分享彼此的種種，以同理心回應對方分享的事，並試圖瞭解對方的所有需求。這些培養親密感的行為對缺乏社交自信的人而言可能是挑戰，他們不習慣與他人分享自己的興趣或情感，也比較容易誤解別人試圖傳達的意思。此外，要求他們調整例行公事去配合別人的生活可能也有困難。戀愛的強烈情感可能成為他們無法承受的情緒波動。

這類人的愛情都有這些問題，但這並非無解，只是他們敏銳的注意力必須正確對焦，才能讓感情順利發展。愛情的成功關鍵之一在於兩人對彼此的期望，以及個人願意付出多少努力調整自己的行為並盡力滿足對方的需求。愛情與其他情感一樣，雙方都必須認為施與受是對等的，才能令彼此滿意。

阿姆斯特丹大學的波曼（Monique Pollman）的團隊以一百九十五位異性戀夫妻為研究對象，評估社交內向的特質是否與婚姻滿意度有關。這類特質對婚姻的作用至少有兩種可能性：你是否擅於社交的程度可能影響你對婚姻的滿意度，以及伴侶的社交能力也可能影響你對婚姻的滿意度。

波曼發現，對女性而言，先生交際能力的強弱程度，並不影響她們對婚姻的滿意度。此外，不論自己是否擅長社交，女性對婚姻的滿意度也相近。她們認為，自己或丈夫的性格外向與否，都不影響婚姻滿意度。

但在丈夫這方面的研究結果就比較複雜。波曼發現，不論妻子是否擅於處理人際關係，有人際處理能力的丈夫對於婚姻滿意度都相去不多；但是人際技能較差的男性，對婚姻的滿意度則相對較低，部分原因是他們對伴侶的信任度較低，感受到的親密度也較低。研究結果指出他們比較不能安心享受感情，而無法相信事情都能順利發展，也因為防衛心比較重，而無法更深刻感受與伴侶的親密。

上述研究結果也指出，不論面對愛情、親情，或友情等情感，我們都期望感情應該隨著時間變得更親密，但這一點對社交囧星人來說可能不太容易。人際互動初期有既定的應對與社交模式，但培養親密的感情並無可以事先判斷的規則。如果我們與他人培養感情的長期目標是獲得令人滿足、穩定的歸屬感，生性內向的句點王倒是可以在兩套技巧上下功夫。首先是學習如何因應細微的社交規則，例如認識新朋友、參加晚宴或工作會面。另一套技巧則是用在你與對方已經建立較深的感情，或是已經度過約會初期並逐漸變得親密的時候，心理學家對親密的定義是「雙方更深一層的情感連結與相互依賴」。

卡內基美隆大學的感情科學家費妮（Brooke Feeney）曾提出戀愛關係的「依賴悖論」。最能增添親密感的方式是自我坦白並支持對方，第一步就是坦誠分享自己的想法或感覺，當坦誠到了暴露自身軟弱一面的程度時，聽者若能以同理心與支持的態度給予回應，雙方就能建立更深一層的信任與親密，但自我坦白就像一條雙向道路，需謹慎控制程度。坦誠太過、太快，可能嚇跑對方；反之，從不透露心思又會令人覺得疏離。

愛侶若有彼此的支持可以依靠，對自己就更有自信心，但所謂依靠並非需索無度，或是少了伴侶就什麼也做不了，而是一種安全感，知道自己遭逢困惑或壓力的時候，伴侶必定給予支持且不離不棄。如果每當你有需要，另一半總能做為你的依靠，在伴侶的支持之下，你就更能繼續堅持達到目標，例如學業或工作上的目標。

對人際與社交不自在的人通常超級獨立，部分原因是那似乎冷漠與內向的特質，以及非社交性質的興趣。他們是否能突破難以與人親近的障礙，在於是否願意依賴另一半的支持，若然，方可建立兩人的情感聯繫，並且讓雙方都能安心給彼此空間去追尋個人的興趣與目標。但他們的個性本就太過獨立，因此很難相信一個人若多依賴伴侶一些，反而能更加獨立。

「依賴悖論」確實是個難題，自我坦白的風險可能是對方反應不佳，甚至棄你而去。戀愛本就是豪賭，當你第一次握著對方的手說「我愛你」，或是吐露你最私密的想法與感覺，就是下了極高的賭注，都可能激起強烈的情緒波動。某些人可能因為害怕全盤皆輸，而決定按兵不動。但是，就愛情賭局而言，你不全心投入是不行的。

社交囧星人只要決定做某件事，必是百分百下定決心，若說生命中有哪件事必須有百分百的投入才能成功，那必定是戀愛關係。只要伴侶願意耐心以待，他人眼中的「社交邊緣人」也願意以其特有的專注與堅持，努力培養親密感，並且彈性調整自己的舒適圈，他們基本上就跟任何人一樣有能力成為體貼、忠誠的伴侶。

如何「從此過著幸福快樂的日子」？

愛情是種非常重要的歸屬感，我們對它的渴望使愛情如火藥般具有爆炸性，它也能強化情緒，使得戀愛中人總是情緒浮動，至少在兩方面影響我們以理智經營愛情的能力。

墜入愛河伴隨著令人暈眩的幸福感，卻也讓我們無法清晰思考，當你的期望未獲得滿足，心中產生強烈負面情緒，便可能而口出惡言，但那些話其實違背你的真意，平時根本不可能說出口，遑論面對所愛之人。此外，因為愛情可能點燃火爆情緒，也會讓我們擔憂自己可能因為愛而跨到舒適區之外的遠處。某些人害怕自己太常不耐爆發而傷害他人，某些人則害怕無法給對方足夠的親密感，無法讓對方知道你雖然沒說，內心深處卻深愛對方，勝於世上的一切。

我出版第一本書（書名是《從此幸福快樂的愛情真相》）之後，許多人問我：「愛情若要成功，最重要的因素是什麼？」研究愛情的學者已量化分析出許多愛情行為都可以帶來快樂、穩定的伴侶關係，不過若要我只給一個建議，我通常會給一個非量化的答案。

老年人失去相守數十年的伴侶後，最想念的常是些過去視為理所當然的「小地方」。他們想念每天習慣跟伴侶一起做的事，以及一些外人不懂的怪癖。未亡人只要想到跟伴侶一起在湖邊散步或一起開車上班，眼眶就泛起淚水。一位失去結褵五十年妻子的男士曾對我說：「我最想念的是，這世上只有她知道我喝咖啡喜歡加兩顆方糖。」我至今想到這件事仍有些哽咽。

老年人想念的是伴侶之間逐漸能彼此配合的精神，以及對方每日默默為你付出的無私行為。隨著現代生活步調加速，婚姻之外的職責佔據我們太多的心思，這些小地方可能被視為理所當然，直到伴侶離開之後才知道自己多麼想念。社交囧星人慣常將聚光燈一般的注意力集中在非社交性質的興趣，他們必須不斷提醒自己每天都將一部分的注意力分給伴侶。有時，最愛你的人反而最不吸引你的注意。

不擅處理人際關係的人在愛情中或許比一般人多一點特殊的挑戰。他們或許比較容易誤解伴侶的意思，或可能因為愛情所帶來的強烈情緒而感到招架不住，但每個戀愛中人都要面對挑戰，任何夫妻都有必須克服的困難。能夠讓任何感情關係長期持續數十年的原則都是公平、善良、忠誠，但愛情關係中的態度與行為若要符合這些正面社交價值，難度卻最高。不論你的社交技巧如何，我能給你的最佳建議就是不要羞於對伴侶表現慷慨，並時時不忘體會伴侶對你的配合與善意。

第三部

發展屬於自己的生存之道

第九章
把怪異變優異

prodigious〔形容詞〕 形體或力量巨大的；奇妙或驚人的；異常或似怪物的

薇娜爾（Ellen Winner）是波士頓學院的心理學教授與研究主任、哈佛教育研究所的資深研究員，曾出版《資優兒童：神話與現實》（Gifted Children: Myths and Realities）。她對資優特質的研究在全球屬於領先地位，我曾與她討論社交內向與資優之間的關係，她提供了幾個精闢的看法。

薇娜爾教授發現，天賦異稟的人對他們的興趣有極敏銳的注意力以及無窮的好奇心，並總是不嫌辛苦地追求極致。但她也發現，因為如此強烈的專注與驅動力，他們比一般人有多出一倍的機率可能產生社交與情緒問題，大約等同於長期被霸凌的孩子在成年後罹患憂鬱症的機率，以及過胖者罹患心血管疾病的機率。

我請教薇娜爾教授為什麼資優生可能出現社交障礙，她說：「孩子的資質越優異，跟他一樣的人就越少見，因此也越難找到跟他相互投合的人。我認為他們在社交方面的笨拙就是因為找不到同類，否則他們的笨拙程度就會少些。」

資優生常覺得自己與他人格格不入，是因為他們與眾不同，也因為他們很少主動與他人互動。薇娜爾教授這麼說：「這些孩子比較內向，從自己的心思得到的刺激也比較強烈，因為他們比較不主動找別人，因此可能顯得格格不入。」此外還有他們有一種容易激動的性格，可能會讓別人覺得奇怪。我問教授，她所說的激動性格是否部分來自於如聚光燈般的專注力，教授同意了：「資優生會對自己擅長的領域充滿熱情，所以那種熱情比較像是聚光燈，而非探照燈。」

並非所有的資優生都缺乏人際溝通能力，反之亦然，但我們將會發現這兩個特質之間有相當程度的交集，而且資優與社交障礙加在一起，可以因為加乘效果而產生大於兩者總和的效益。

社交內向的積極力量

為了思考對人際關係過敏的特殊價值，我們可以從生物演進的論點出發：如果歸屬感至關重要，為什麼不擅交際的人沒有被自然演進淘汰？從這個角度來看，此類人若不能遵守社交習俗，應該會威脅到他們在團體中的歸屬，因而降低了生存與覓得配偶的機率。如果缺乏自信、個性木訥基本上是負面特質，這種基因被傳承的機率應該比較低，因此應該會隨著世代交替而逐漸消失。

西門菲莎大學生物科學教授克瑞斯比（Bernard Crespi）曾研究某些被視為不能通過「適者生存」考驗的特質或許有它生存的道理所在。從自然演進的角度看來，人類種種特質不斷演進的主要原因在於要提升生存與繁殖的機率，而並非為了更快樂。這並不是說人類不應該追求快樂，但既然從演進角度思考內向社交的優勢，就必須檢討為什麼這種特質可以幫助人類生存與繁衍。

其中一個假設是：這樣的性格是「取捨」之後的結果。所謂的「取捨」，基本上是指某個特質被強化，同時也有另一個特質被弱化。

社交囧星人常具備不尋常的能力，他們對於需要採取系統性的方法才能有效解決的課題尤其在行，例如數學或科學課題，他們可以從令人眼花撩亂的複雜狀況中整理出模式，或是在有興趣的領域執行重複性很高的工作。其中的「取捨」就是他們無法直覺對他人產生同理心、不懂得解讀他人的心思，而且常常無法吸收狀況的全貌。問題是隨著低社交力特質而來的優點，是否能大於、或至少抵消因此特質而產生的社交困境？

在採獵者的團隊當中，有人可以發明更聰明的捕捉陷阱、發現輪耕的益處，以及灌溉系統的物理原理。這些突破之舉不太可能是意外發現，而是需要系統性的思考與持續實驗才能得到的結果。內向一族或許不是厲害的獵人，搬運採集得來的食物也笨手笨腳，但他們能發明保存肉的方式，例如鹽醃，或是設計有效的食物運輸系統，透過創新之舉展現他們在團體內的價值。

成功的狩獵、收割莊稼、戰爭，都是為了維繫暫時的生存，而以聰明才智創造突破，並將結果貢獻給所有人，方可延續團體的生存。此外，視人際關係為畏途者願意在別人都回家之後還繼續進行狩獵或採集食物的工作，也不會因為反覆執行工作就嫌枯燥喊累。

當代的我們已有更充足的食物，平均壽命也已翻倍，但害羞內向的特質依然存在於人類，並能創造特殊的價值。社會需要有人系統性地提供更好的演算法，以解決糧食分配不均的問題、發現永續的能源來源，或創造新的教學策略，讓學生習得與時俱進的知識與技能。現代社會也需要電腦科學家持續不懈地修補網路漏洞，讓我們免受網路攻擊的威脅，此外還需要能夠從情報的細微之處發覺異樣的安全專家，為我們阻絕恐怖攻擊。

社交尷尬的基因可以被傳承，是因為他們能夠透過系統性的發明或超越常人的耐性，持續創造有用的人生價值。但他們在貢獻自己的價值之前，必須先知道如何發揮潛力，並且把優點放在對的環境。為了達到這個前提條件，他們也必須知道如何取得必要的支持，才能運用聰慧創造成就。

高IQ V.S. 低SQ

佛洛依德能夠在他人無法察覺之處發現心理問題早期跡象，但即便是他也認為孩子在童年的中期會進入一個「潛伏期」，也就是介於任性的嬰兒期與狂亂的青春期之間，會有一段暫時平靜的停滯期。處在這個發展階段的孩子喜歡的事情類似盪鞦韆、吃甜筒冰淇淋，或是等候乳牙仙女來訪。父母都很期待這段相對平靜的潛伏期來臨，但某些父母也是在這個階段察覺到孩子的特殊天賦。早期的天資徵兆就像清朗夏日的零星雨滴，向父母預告後續將有更充沛的發展。

或許是孩子在車裡跟著《冰雪奇緣》的電影原聲帶唱歌，父母聽見四歲女兒有完美的音準，或是吃完飯計算小費的時候，五歲兒子不費力就算出二十元的總額應該給九塊半小費，父母因而一時之間不可置信似地看看後座或桌邊的孩子。

資優兒童最初顯露天份的時候，並不知道自己的能力跟他人有何不同，也不必承受外來的期待與壓力。你若有機會看到資優兒童運用他的音樂、數學，或藝術方面的天份，那種發揮天賦的純然喜悅必定令你讚嘆。

身為小孩子的最棒之處就是可以盡情唱歌、畫畫、角色扮演，不會有人批判你做的好不好。資優生也一樣，只是直覺選擇自己喜歡的事情來做，但因為天賦異稟，看起來便不像只是個孩子。他們唱歌的音準完美，畫畫時的透視法創造驚人的寫實感，玩角色扮演的遊戲也能創造複雜情節與對話，或是意料之外的劇情轉折。資優生很少見，又或者會被之為心理學家「不正常」的小孩，這些孩子多年來都是各種研究計畫的主題。

一九〇〇年代早期，史丹佛心理學家特爾曼（Lewis Terman）研究如何以智能測驗來量化智力，他發現智商分佈圖是正常的鐘形，意即多數人的智商都落在平均值一〇〇左右，七十以下位於受測者最末百分之四，有嚴重智能障礙；高於一三〇則在最高百分之四，通常就是以這個門檻定義「資優」。

一般智能測驗是針對各種心智能力進行檢測，例如語言、計量（數學與科學），或記憶。最簡單的例子就是稱為「記憶廣度」（digit span）的記憶測驗。心理學家請受測者記憶兩到三個數字，若可正確作答就繼續增加數字，例如，請讀下列數字：

3-1-8-1-2-2-5

接著請蓋住這七個數字，試著依原本順序回憶數字，多數成人可以記憶五到九個數字，這也是為什麼電話號碼（區域碼不算）是七個數字。一般的九歲兒童，也就是百分之五十級距的孩子，可以正確記憶六個數字，某些百分之一級距的資優生則可記憶九個數字。我念研究所的時候曾經為一個十二歲女孩進行測驗，她的記憶力十分驚人，受測過程對她而言太無聊，最後甚至主動倒背我給她的九個數字。

記憶力特別好的孩子像是直覺就能以不同方式進行記憶廣度測驗，在無人指導的狀況下，他們憑直覺將數字分成區塊，題目一出現就立刻直覺知道分別記三個數字會比一次記七個容易：3,181,225。

智力特別高的孩子懂得以理解社交全貌與高效率的方式處理非社交性質的訊息，相當類似先前討論過的長袖善舞者用來理解複雜社交場合的能力，可以完整掌控社交大局，而無需一一檢視個別訊息，如說話語氣、非語言訊息或表情。他們可以憑直覺將個別資訊加總在一起，當他們在節慶宴會上巧遇朋友，立刻知道應該先握手（上下晃動三次）、彼此保持約五十公分的距離，並且依據當時的節日（耶誕節）說些祝福的話（耶誕快樂）。

哈佛大學教授加德納（Howard Gardner）認為制式測驗（語言智能、計數智能）無法完全涵蓋智能的範圍，他提出多元智能理論，納入音樂、肢體動覺、人際等智能範疇。研究人員相對較少關注多元智能領域，一般人卻都認為擁有音樂、體育或社交天賦的人也很難得，只是無法反應在語言或計量智能上。

此觀點亦有以經驗為基礎的理論支持。康乃爾大學教授史登伯格（Robert Sternberg）曾研究一般人對智能的觀點，發現一般人原本就認同語言與數學之外的能力，諸如突破傳統思維的創新能力、得自於生活經驗的智慧，以及敞開心胸向他人學習等等，一般人都認為應該是自成一類型的能力。

我們必須區別不同類型的能力，才能判斷人類擁有的能力是均衡或非均衡現象，例如語言智能一一〇分、計量智能也約一一〇分的人稱為均衡，而不均衡者的語言智能一三五分，卻可能只有一百分的計量智能。就像你說某人「只會讀書」或是說他「有些事很在行，別的就不行了」。這樣的差異在現實生活中會產生影響，如果一個人的各項能力不均衡，那麼學校或職場應將這種情況納入考量，才能設法發揮個人最大潛能。相反地，若說能力都還算均衡，也就是說一個人的各種能力通常都不相上下，那麼學校或職場就能假設成績好的人應該在其他方面也都有好表現。

研究人員發現，一般人的能力大多相當均衡，但智能高於一三〇的人則常有不均衡的現象，而且智商越高者越不均衡。例如愛荷華州立大學的艾契特（John Achter）的研究團隊在一千多名七年級資優生當中發現，百分之八十的人都有能力與興趣不均衡的現象。

資優生不均衡的智能可能產生混淆狀況，因為一般仍將聰明才智視為均衡現象，因此學校常只將學生班級分為前段、一般，以及後段班。但資優生常是在某些領域有極高天賦，但其他領域的表現卻只是平凡，甚至低於均值。若更廣泛思考多元智能，何不想想音樂或數學天才可能極度缺乏處理人際關係的能力或自我認知的能力？

追求卓越的狂熱之心

阿拉巴馬大學足球教練薩邦（Nick Saban）很可能是當代最佳教練，他在別人眼中總是很緊繃，但在二〇一六年接受ESPN的史密斯（Mike Smith）訪問時，他倒是分享了幾個小故事。他剛到密西根州立大學擔任助理教練的時候，跟另一位助理教練前往俄亥俄州揚斯敦招募隊員，辛苦一整天之後，薩邦跟同事一起去當地的酒吧，準備為即將參加的一場比賽擬定策略。當他們正熱烈討論可行或不可行的方案時，一名男子持槍進入酒吧，要求酒保把收銀機的錢交出來。

所幸事件過程中無人受傷，但在場的人都受到相當的驚嚇。警察抵達後，酒保說明搶案經過，然後警察準備訪問在場目擊者，酒保卻請警察不必問薩邦和他的同事了，認為他們大概根本不知道發生過搶案。酒保說得沒錯，薩邦跟同事完全專注於討論比賽策略，以致於完全沒有注意到身邊正發生搶案。

天賦的定義基本上是能力分級，而且指的是天生的智商、運動細胞或藝術才能。但薇娜爾教授等學者發現，資優者常有特定性格，例如頑固、叛逆，或完美主義傾向。他們有高度驅動力在興趣領域追求卓越，不斷試圖突破現況，因此能以極高的強度與耐性去追求目標，這種人格特質與態度稱為「追求卓越的狂熱」。

「狂熱」聽起來些許令人不安，我就此詢問薇娜爾教授，她說這個用詞十分精準。「狂熱」貼切形容了資優者投入熱中的事物時，那種強烈與近乎焦急的狀態，但我認為同時也意味著他們強烈的能量可能令旁人感到不安。資優者天生喜歡追根究柢，窮追不捨的好奇心可能被他人解讀為焦躁、甚至是怒氣。當優秀的運動員努力超前，或是爆料記者催促團隊趕上截稿時間，都會顯現這種焦躁。

資優生若無法從隊友或老師身上得到答案，可能會感到煩躁，轉而在圖書館或在網路不斷進行瘋狂搜尋。他們可能比較沒有耐心容忍能力差的同事或管理者，或是缺乏效率的工作方式。他們追求卓越的狂熱若沒有得到滿足，別人都能明顯看出他們的焦躁，好像哪裡很癢卻搔不到癢處似的。

追求卓越的狂熱若是受到阻礙，他們可沒辦法等閒視之。倫敦皇家芭蕾舞團首席舞者庫絲柏遜（Lauren Cuthbertson）某次接受訪問時，做了非常貼切的描述。二〇一四年，庫絲柏遜腳部受傷，到了可能威脅舞蹈生命的地步，因而持續數個月無法跳舞。她描述當時最難受的就是不能練舞，顯然她最想念的是辛苦的練習，而不是在爆滿劇場表演的喜悅。等到她能夠再度開始進行訓練，才覺得終於又能呼吸。

國王學院精神病學研究所的佛艾托（Pedro Vital）曾經研究傳統智能測驗之外的能力，依據六千對雙胞胎的檢測資料逐一研究智能測驗、人格特質評量，以及父母對他們的特質的觀察。研究人員詢問父母，與其他年紀更大的孩子比較起來，他們的雙胞胎子女的能力是否更強。「能力更強」的措詞是研究人員刻意設計的模糊用語，以便評估語言或計量智能之外的能力。

佛艾托發現這些孩子有百分之十七被認為能力更強，但最有意思的研究結果是哪些因素與更強的能力最為相關。雖然上述百分之十七的孩子當中有百分之三十三的智商分數也很高，但最相關的因素是他們對興趣的執著程度。在興趣領域展現高度專注與執著的孩子，也更可能（百分之六十一）被認為能力更強。

追求卓越的狂熱在童年就會展現，通常也會持續到成人期，背後有兩個主要驅動因素：「平庸」讓他們出現過敏反應、「完美」讓他們渴求不已。資優者最討厭拙劣，這或許是上天的恩典，也可能是詛咒。狀況好的時候，資優生因為不安於現狀而能積極精益求精，但他們也不可能什麼都在行，因而可能產生焦慮，這一點在後續章節有更多討論。

資優生喜歡挑戰，起初或許是想達到師長要求的標準，最終會因為追求卓越的狂熱而想超越傳統的卓越標準。資優者有個很有趣的特質，他們對興趣領域的歷史非常瞭解，也很尊敬領域內的先賢，但同時也努力想創造新的標準，或新的作業模式。他們若覺得挑戰度不夠，或沒法在快速的步調之下往卓越前進，就會表現出一副快要內爆的模樣。

追求卓越的狂熱背後的驅動力之一，是從事鍾愛工作本就懷有的喜悅。我經常聽到他們說：「我就是喜歡專心工作。」資優者喜歡全心投入工作的感覺，無論是編碼、玩game、作曲，或是作畫，在專注不懈之際若出現任何干擾，很容易造成他們的不耐。我們不難理解有人喜歡沈溺在腦中響起的交響曲調，有人喜歡唱出詠嘆調的完美音準。雖然資優者可能因為能力優異或努力不懈而獲得他人的讚美，但即便沒有人看到的時候，他們還是繼續精進能力，因為他們天生就會從自我磨練中得到喜悅。

優異的能力、追求卓越的狂熱，以及天生渴望被磨練的特質，都在資優生身上可以找到，因此他們非常適合面對艱難的挑戰，卻同樣因為這些特質，資優生的社交生活很難順遂。追求卓越的狂熱使他們很難建立有意義的人際關係，這不僅可能阻礙他們發揮潛力，也可能造成社交與情緒障礙。

少根筋的天才

數十年來，「天資」與「社交技巧匱乏」都是分別進行的研究主題，卻在許多狀況下呈現相同的結論而逐漸匯合。研究天資為的是瞭解該如何識別並輔導超凡的能力，卻在研究過程中發現非常重要的社交與情緒因素，有可能輔助或阻礙資優者發揮潛能。專門研究社交溝通問題與執拗興趣的學者最終也發現，人際處理能力不足、興趣執拗的人有時就是資優者。

天資與社交能力特質的交集顯而易見。社交囧星人以聚焦式的注意力關注特定的興趣領域，對他們的興趣非常執著；資優者也同樣高度專注於天賦領域，並被追求卓越的狂熱所驅動。此外，這兩種人都喜歡獨自從事辛苦的磨練，這些交集之處指出他們或許有某個共通點。

已有新的證據可以指出，低SQ與高IQ兩者間之所以有相似的行為模式，可能是來自於共同的基因。佛艾托的研究團隊分析眾多雙胞胎的資料，想知道更強的能力與執著的興趣是否來自於同樣的基因根源，並發現兩者的可遺傳性之間有很明顯的關聯性。此外，愛丁堡大學的希爾（David Hill）的研究團隊也曾進行行為基因的研究，從超過一萬兩千名研究對象提供的血液進行染色體掃描，搜尋已知的心理疾病基因標記，包含憂鬱、焦慮，以及自閉。希爾發現，社交溝通能力匱乏、重複性的行為模式的基因標記，與高智商、高教育成就呈現相關性。

雖然資優者並不都是拙於社交，反之亦然，但上述研究結果卻顯示兩者之間有相當大的交集。當某人同時有優異能力與執拗的興趣，就被稱為「資優」；研究人員也發現相當有意思的行為機制，可以解釋社交困難與天賦何以相輔相成。國王學院精神病學研究所的研究員哈波發現，社交技巧極度匱乏的人特別注重細節，也特別能記住細節。劍橋大學自閉症研究中心主任拜倫柯恩也發現，對細節的注重可能是特殊能力的基礎，並認為社交囧星人因為規律的個性，特別能從問題的細節理出模式與邏輯關係。

這類型的人能將狀況做區分，然後針對個別部分的細節做整理，最後找出他人無法察覺的模式。因此社交內向型的孩子常做些令人不解的事，例如拆解烤麵包機「看看為什麼可以烤麵包」。規律的特質加上對興趣的執著，使得他們能反覆執行工作，發揮天賦所能並精益求精，最終到達卓越非凡的境界。

一般人隱約都知道社交怪咖的興趣常是科技、物理，或漫畫書等等特定領域，所以才有「瘋狂科學家」或「心不在焉的教授」之類的說法。這類學術能力超強卻少根筋的典型人物，常與我們直覺以為的形象相反。火箭科學家有能力把衛星送上火星，竟會在停車場找不到自己的車；腦部外科醫師可以分析錯綜複雜的腦部掃描，在社交場合與人聊天竟然弄不懂別人到底在想什麼。

社交怪咖的科技天才或物理學家的典型人物就像電視劇《宅男行不行》或電影《辣妹過招》刻劃的典型怪胎，都是些參加數學奧林匹亞的數學天才，劇情多以體諒與認同的角度出發，其中的幽默正是因為我們都能體會科技或數學天才經常不擅於社交，恰恰指出一般人的看法也能與學術研究結果相互符合。

以下是職業心理學家霍藍德（John Holland）的六項職業興趣類型，可以幫助我們思考自己的興趣與能力。「斯特朗興趣調查表」（Strong Interest Inventory）歷經反覆研究，結構更為周延，可以提供更深入的評量結果，但下列簡易表格亦可供讀者初步瞭解自己的興趣與能力。另可參考onetonline.org網站來自美國勞工部的資訊。

你適合從事哪一行？

職業類型	興趣	能力
實際型	實作、有形的結果	獨立、務實、可產出有形結果
調查研究型	發想、理論、數據	分析式的思考、探索新概念
藝術型	美學、抽象概念、創作	富有想像力、可跳脫既有框架、有創意
社交型	幫助他人、教學、人際關係	樂於助人、有同理心、擅於社交
創業型	啟動計畫、領導、承擔風險	大膽、強勢、具說服力
常規型	秩序、程序、以資訊為基礎	效率、精確、有方法

拜倫柯恩與牛津大學的同僚針對以下四個族群的社交程度進行比較：牛津大學主修人文科學的學生、牛津大學主修電腦科學的學生、英國數學奧林匹亞高中組優勝者，以及未經特殊篩選的對照組。他們想確認研究對象的興趣若需要高度系統性思考（如電腦科學與數學），他們不擅人際社交的程度是否高於對照組或人文科學組。研究結果發現，對照

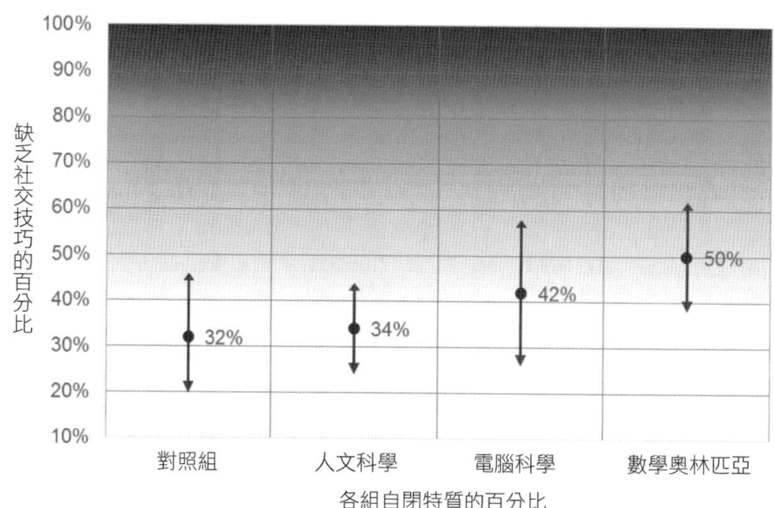

各組自閉特質的百分比

（箭頭代表百分之十五級距〔低標〕與百分之八十五級距〔高標〕）

組與人文科學組認同自己有三分之一的社交困難特質，遠低於電腦科學主修生（百分之四十二）與數學奧林匹亞學生（百分之五十）。

菁英大學的電腦科學主修生或是少年數學天才都擅於運用優異的系統性思考能力與邏輯能力去解決問題。電腦科學的好處就在於電腦晶片沒有心情起伏或自我懷疑，所以只要你在系統內作業，就能輕易解讀晶片的資訊。數學證據也不會在邏輯與直覺之間搖擺，所以只要遵循作業程序與規則，終究能得出禁得起檢驗的答案。但就如我們先前所討論的，線性、系統性的思考方式很適合非社交性質、以規則為基礎的問題，卻不適用於非線性、充滿意外變數的社交問題。

我們必須記得，主修電腦科學或成為數學家並不會造成社交障礙，只是數據顯示具有執著興趣與優異系統性思考能力的人經常選擇進入電腦或數學之類的領域。況且，被執著的興趣所驅動的成功人士遍佈各個領域，而系統性的思考也在許多領域是必備能力。例如菁英體育選手的堅毅特質，像是游泳選手在清晨四點開始兩小時泳訓，傍晚又再度做相同的訓練。或是優秀的舞者鑽研細部動作，並反覆千次練習，還有小提琴手多年長時間練習，臉頰下的皮膚都因為反覆摩擦而起繭。天賦與社交困難特質最重要的關聯性，似乎就是願意承受辛苦練習的特質，只是同樣的執著特質卻可能成為社交生活的障礙。

薇娜爾教授發現，資優者追求卓越的狂熱若展現在社交行為上，便可能顯得突兀。資優者喜歡獨處做研究，這種孤立主義者的行為可能被他人視為冷漠或無趣。他們追求興趣的那種專注與熱切通常代表有相同興趣的人並不多，即便有，熱切程度也很難跟他們一樣。還記得年輕的亞斯伯格嗎？他非常喜歡格里帕策的虛無主義詩作，卻發現同儕對晦澀的思想都不感興趣。

即便資優者與同儕有一樣的興趣，他們追求卓越的狂熱也可能讓他人退避三舍。別人大多只是追求樂趣罷了，資優者若無法依照自己的強度與速度鑽研興趣，可能就會對旁人說：「你怎麼一點都不積極！」

跟志同道合的人交朋友，找到不再孤單的自己

從旁觀者清的角度看來，我們知道資優者必須將追求卓越的狂熱做區隔處置，懂得在某些時候放輕鬆些，只要有趣就好。他們必須瞭解旁人並沒有一樣的狂熱，也可能志不在此。社交囧星人應該注意事情的全貌，別專注在狹窄的興趣領域，只是這並不似按開關那樣容易。

這些聽起來似乎都是顯而易見的道理，多數的心理問題在旁觀者眼中其實都很簡單明瞭。酗酒的人應該少喝點，焦慮的人應該放寬心，憂鬱的人不該老是悶悶不樂，但每個人都有自己無法跳脫出來處理的問題。父母、朋友、主管，或心理治療師的困難在於你越是敦促社交囧星人別過度熱衷某件事，只會造成他們越執拗。

父母與師長很難告訴資優生為什麼必須建立人際關係才能取得專業上的成功，但聰明絕頂的電腦科學家可能會發現，他也需要敏銳的情緒智力，才能把理念傳達給他人；天

賦異稟的歌手也可能意識到，他必須有能力在網路或舞台贏得歌迷的支持。阿宅型的電腦科學家或許無法直覺瞭解如何強化自己的說服力，社交內向的歌手或許不懂得對台下歌迷表達內心情感，但社交技巧經常是完整發揮潛能的重要條件。孤僻的資優生覺得培養社交技巧太困難，很可能只想躲避，只想獨處，沈溺在非社交性質的興趣領域繼續鑽研。

究竟該如何幫助資優的孩子，是父母、師長、心靈導師的共通難題。若任由資優生長時間鑽研興趣，人際關係可能變得更加孤立，也無法練習社交技巧，因而與社會脫節。反之，鼓勵膽小害羞的孩子要「跟其他孩子一樣」，又可能壓抑他們的特殊性，且剝奪了他們最大的快樂來源。這個問題沒有具體答案，卻也不是只有兩個極端的結果。

要求資優生跟所有孩子都做朋友可能太難，但只要他能遇上志趣相投的同儕，就能在社交的同時也浸淫於喜歡的事物。這不見得代表藝術家就必須與天賦相同的藝術家當朋友，但他們確實需要可以推動他們突破極限的友人。資優生努力追求的創意或許被一般人視為詭異之舉，因而需要有人在這種時候懂得該給他們什麼支持。突破性的創舉鮮少誕生於社交真空的狀態。

資優生若非社交囧星人，培養其資質的方式就相對簡單明瞭。我曾到布魯克林學院訪問德芮克（Jennifer Drake），她對視覺藝術資優生的研究有相當卓越的成果。她表示，有繪畫天份的孩子通常較不缺乏社交技巧，培養重點就是提供他們發揮天份的途徑。但一般學校的藝術預算不高，難以支應藝術資優生所需的資源。

藝術資優生不見得會選擇以藝術為業，卻仍有追求卓越的狂熱，若找不到出口便可能感到沮喪。父母通常必須尋找暑期課程，或是利用社區資源，才能讓孩子找到興趣相投的同好，並能推動他們進一步強化能力或獲得啟發。我問德芮克教授認為父母該怎麼做，她心有戚戚似地說：「不要給孩子太多壓力。」

鑑於親子教育競爭超極熱化、家長相互比較子女成就的現象，我認為這是很重要的建議。資優生的表現已經比同齡孩子更傑出，也有天生的驅動力想發揮天賦。父母必須記得，這些孩子或大小孩已經有追求卓越的狂熱，他們的動力與專注程度也處於超限邊緣，若是繼續在背後施加壓力，孩子的狂熱很可能會過熱。

資優生必須與懂他們的精神導師與友好同儕建立有意義的關係。他們跟任何人一樣都需要可靠的人給予指引與支持，除此之外也需要懂他們的精神導師與同儕。父母、師長或教練的要務之一，就是讓孩子所在的環境可以找到志趣相投的同僚或精神導師。實際作法包含尋找校內的資優生課程，或是高等教育機構為資優生舉辦的暑期課程。這些短期會議、專門機構課程或課外活動，讓資優生能有一段時間可以盡情專注在他們的興趣，而且身邊都是志趣相投、步調一樣快速的同好。薇娜爾教授說：「這對孩子的最大益處是在社交方面，因為他們找到了跟自己相似的孩子，發現自己並不孤單。」

專注力與興趣，決定你的成功力

我第一次以天賦與社交技巧匱乏為題講課時，最後有一個問答時間。第一個問題來自於一位說話很小聲的年輕男孩，他勇敢地站起來問我：「如果你不擅長交朋友，資質卻只是一般呢？」從當時的場面傳達的社交訊息顯示，他問的不是學術性的假設問題，而是實際上想知道自己該怎麼辦。最方便的回應方式就是跟他說社交囧星人身上總是潛藏了非凡的能力，但這是過度簡化、口頭加油的精神鼓勵，不僅不正確，也沒幫助。雖然缺乏社交能力與天資聰穎之間有很大的交集，卻非必然的連結。有些人是社交怪咖且資質優異，有些人人際智商較低又資質平凡。我當時的回答是個疑問句：「一個人無論能力水準高低，如果他能夠全心全意、專注又堅持地投入他喜歡的事，不知道會展現多麼驚人的潛力呢？」

即便你的能力不差，有時也不免懷疑自己是否可以達到目標，但相關研究指出，能力的重要性或許不如我們以為的高。例如，美國研究生入學資格考試（GRE）是大學生畢業生的學力評量標準，但它究竟與入學後的表現有多高的相關性？昆瑟（Nathan Kuncel）的研究團隊曾以一千七百個研究結果進行統合分析，發現研究生的平均成績與教師評鑑等級與GRE分數水準相同的機率約略高於百分之三十，雖然不低，仍表示其他諸如勇氣、自信心、同儕支持等因素，也都有助於提升課業表現。

想要達到長期的遠大目標，問題並不在於你是否天生有才，而是該怎麼運用自己的特質，才可以達到你渴望的目標。社交囧星人與他人不同的兩個主要特質就是：聚焦式的注意力、對興趣的執著。

我剛進入明尼蘇達大學研究所時，常聽同學們說到他們接近滿分的GRE成績與完美的大學平均成績。以這些數據來說，我若想跟他們在天生智能水準上競逐，不免愚蠢。事實上，「競逐」這個念頭本身就很愚蠢，這世上有足夠的成功機會可以分給每個人，因此，我決心繼續採取過去適應新環境的一貫作法：運用我聚焦式的注意力，一次面對一個挑戰，堅持要求自己將個別因素結合成為全貌。

社交囧星人聚焦式的注意力帶來了異常銳利而清晰的視野，有時固然錯失了全面，卻能看到他人錯過的細節，且很可能就成為創新思維的來源。例如，即興演員將舞台上的小脫節稱為「個案」：另一位演員的表演有點不同，或許是襯衫露出一角，或是說話短暫遲滯，但這些個案卻成為一種出發點，演員藉此將表演帶往預期之外的方向。科學家意外打個嗝，很可能就擦出創新的火花。與科學無關的事件也可能促成科學家的創舉；都市中不尋常的聲音也可能成為前衛音樂的創作靈感。

這類人也喜歡去發掘如何將細節組織成模式。無法直覺瞭解社交習俗雖然帶來挫折感，但他們由下而上的視角正適合質疑不成文規定是否合理，天性也擅長找出系統內部效率不足之處，並思考如何建構更好的系統，只是他們必須慎選挑戰對象。

他們的另一個優勢是對興趣的執著。每一項科學創舉或奧運金牌背後，都是無數枯燥漫長的努力，或許是不斷凝視顯微鏡，或是連續數年進行清晨四點半的泳訓。一般人都認為不斷反覆的動作太無聊，但社交囧星人生性執著，反而因此產生愉悅感與持續下去的動力。他們可以忍受無數的枝微末節、反覆嘗試錯誤，只為了往長期的目標邁進。

所以，同樣是聚焦式的注意力與執著的能量，既造成不擅處理人際關係者在社交場合感到不自在，也讓他們能堅持不懈的通往卓越的成就。如前所述，社交技巧匱乏的特質像是一種取捨。你若有選擇權，會怎麼取捨呢？你想要直覺掌握全貌，自在經營社交生活？或是擁有聚焦式注意力，狂熱追求卓越，卻陷入社交迷糊仗？我並不認為有一個絕對的正確選擇，唯有融合多元的心態，才能真正達到卓越。

第十章

勇於嘗試，就能創新

小時候第一次聽到英雄創舉的床邊故事，主角多半曾經被社會放逐，在突破絕境之後，最後締造了無人能及的成就，例如《小火車做到了！》（Little Engine That Could），或是紅鼻馴鹿雖被唾棄，卻為大家拯救了耶誕節。小學生都愛看超級英雄的故事，英雄總是秘密隱藏他們的超能力，在他人眼中是怪咖的「第二自我」，例如平時彬彬有禮的肯特會變成超人，軟弱的男孩羅傑斯變成美國隊長，或是古怪的班納可以變身為綠巨人浩克。

青少年則喜歡故事的焦灼與弔詭，例如電影《X戰警》（X-men）的超級英雄擁有獨特能力，卻因此成為社會邊緣人，直到世人發現他們的異常之處正是能拯救世界的力量。多數英雄傳奇故事都遵循美國學者侃柏（Joseph Campbell）所稱的「英雄的旅程」。侃柏發現，英雄起初都不甚瞭解自己的超能力，並試圖壓抑，直到出現睿智的精神導師，幫助英雄瞭解自己的能力並應用於正途。英雄或者被放逐，或者主動離開熟悉的世界，前往遙遠國度鍛鍊自己，期間結識志趣相投者，決定一起迎向看似毫無勝算的挑戰。

「英雄的旅程」是超級英雄故事的必備元素，卻非只是幼稚的想像。許多受人景仰與仿效的專業標竿人物也都曾走過英雄的旅程，他們從卑微的起點出發，逐漸發現自己潛藏的能力，努力設法做出正面貢獻，過程中經歷無數挫折，仍堅毅發揮所長，克服了看似無解的困境，最終取得勝利。例如矽谷傳奇人物比爾蓋茲曾經主動輟學，之後在父母家的車庫成立微軟公司；賈柏斯被蘋果公司董事會逐出公司，重返之後帶領蘋果成為全球價值最高的企業。

虛擬故事與真實英雄大多拙於人際應對，有些英雄似乎是克服了個性上的弱勢而取得成功，有些則是雖然本性不改卻依然取得成功，但英雄故事令人著迷與獲得啟發之處，在於這些與社會格格不入的人能夠運用自己不尋常的能力，勇敢堅持下去，最後克服逆境並取得驚人成就。

你或許懷疑哪有這麼多英雄都走過一樣的道路，也確實可以說「過程」其實不重要，不論通往顛峰的一路上是笨拙的跌跌撞撞，或是優雅的迷倒眾生，結果都是一樣的。

或許被視為異類的英雄之所以讓我們有共鳴，是因為英雄故事的發展與真實生活追求成功的路徑是一樣的。學界對「卓越成就」的研究結果也恰恰符合英雄旅程中常見的逆境與無限可能性。

讓夢想變成「未來完成式」

資優者在興趣領域可能有完美主義傾向，一旦追求卓越的狂熱被點燃，便一心一意窮究到底，毫不停歇磨練自己的能力。專業領域或學科大多都有系統性的步驟與程序，可供新手或中等程度者依循。數學與科學均受到法則的規範；單人的體能活動，例如網球或芭蕾，必須練習基本技巧才能打好基礎；即便是創意領域，例如繪畫也有透視法，音樂也必須以準確音階組成。社交囧星人可以從辛苦的練習獲得喜悅，看到自己堅持投入的努力漸漸產生結果，他們會感到高興。學習某項技藝之初必須按部就班執行的訓練，對他們而言就像糖果一樣甜。

如果資優者只是照本宣科依循前人整理好的步驟，從新手變老手之後就感到滿足，他們的生活其實可以輕鬆許多。但資優者經常選擇充滿浩瀚契機的領域，即便是科學或數學這樣規律的學科，箇中佼佼者也不是一定都能達到完美境界，畢竟其中最頂尖的知識仍充滿無限可能。科學與數學都是以規則與方法來定義，但這些規則與定義卻可能有無數的結合方式，意即永遠都會有新的問題與可能性。如繪畫或小說等藝術創作的可能性又更是無限，因此藝術家也時時面對探索未知的壓力。

只要是他們有興趣的領域，資優者認為這種無限的可能性令人狂喜。多數頂尖科學家都喜歡創新，而非複製，優異數學家最大的動力就是來自於尚未破解的證法，菁英運動員則永遠試圖超越現有記錄。資優生一旦找到鍾愛的事物，聚焦式的注意力就能熱切、專注地投入，並發掘獨特的可能性。

一旦發現了新的可能性，就必須訂定長期目標。資優生從小就對未來有不同的想法，只要聽他們談自己的抱負就知道。多數孩子談到未來，採用的文法是「簡單未來式」，把未來看成往後才會發生的孤立事件，例如：「我會成為優秀的化學學生。」或「我今天會去游泳。」但資優生大多採用比較少見的「未來完成式」，透露的意味就是某件事將會發生，但會發生在另外一件事情之後。

「如果我可以好好展現我的工作成果，我就可以變成更優秀的化學學生。」或是「我會在五點起床把其他事情做好，然後就可以去游泳。」文法上的一點點微妙變化，反映出孩子的智能有特異錯綜性。資優的孩子知道，遠大目標尚在遠處，一路上有許多瑣碎的事務必須先完成。

資優者的心頭時時縈繞著追求卓越的狂熱，他們的敘事方式也天生有一種張力。生而為完美主義者，卻追求著一個難以極致完美的目標，兩者之間便形成拉鋸。如果日日想著一個不可能的結果，只會因而消沈；但資優者在起步之際多半只將注意力聚焦於眼前的事務，專注完成一個個瑣碎的工作，一步步朝目標前進。

專家擁有淡定、執著的特質

專家的知識與技能優於一般人，他們可以深入分析問題，也能更快採取有效的解決方案。他們對自己的專業求知若渴，也有卓越的能力可以吸納知識，建立並運用龐大的資料庫，在面對複雜問題的時候，有能力將個別因素做有效連結。

當團體面對嚴峻挑戰，專家的出現常有鎮定人心的效果。他們以一副淡定的模樣在緊迫的情勢下執行工作，在熟識的人眼中顯得矛盾，因為他們其實有著停不下來的心思。

根據研究結果，最可能成為專家的人就是有敏銳專注力、對工作執著不懈的人。

我們希望醫生、機師、理財人員、軍事將領都是專業領域內的專家，因為他們決策錯誤的後果可能非常嚴重。專家不需有人從旁催促，只要看到該做的事，就會採取有效的行動去徹底解決問題。專業可以產製超值的成果，因此教育系統著眼於培養專家，企業也投入龐大資源招攬或培養專業才能。

現在有越來越多機構採用評量工具，以瞭解學生或員工的表現。公立學校預算取決於學生在制式測驗的成績高低；商學院校也越來越重視成本效益評估的課程，透過可量化的衡量工具對員工每日或每週的表現進行評估，瞭解他們對公司季營收的貢獻。

衡量工具的優點之一，就是各機構必須以未來完成式的語言定義所望目標。機構必須有定義清楚的長期目標，同時必須具體訂定過程中的重要步驟。評量工具若運用得宜，機構成員就能清楚瞭解其任務，因而能一致朝向任務前進，並且掙得公平的回報。

評量工具可以有效訂定專業水準，但機構若太過講究量化結果，也可能對潛力值最高的成員造成壓抑與困擾。資優學生天性就會奮力取得最高成績，並努力累積資格，以求進入頂尖學府，也會盡力在制式測驗中取得高分。資優的年輕員工會努力不懈把公司交付的任務做到最好，例如熟習Excel使用技巧，或是發展效益更高的工作流程。

一旦專業技能發展到鐘形曲線的高點，受限的狀態就會造成資優者躁動不安。因為有追求卓越的狂熱，一旦覺得自己當專家已經當太久了，機構內的制式標準就成了限制，讓他們感到焦躁，就像好動的孩子被綁在汽車座椅綁太久的模樣。資優者喜歡面對挑戰，取得專家資格之後，或許可以開心個幾星期，然後就會需要新的挑戰。這種躁動或許在外人眼中會被視為不滿，因此令人懷疑資優者是否永遠都不可能快樂。

贏得創新大樂透

加州大學戴維斯分校有位傑出的心理學教授賽門頓（Dean Simonton）曾以數十年的時間研究人類天賦與重大成就。賽門頓發現，對許多資優者來說，取得專業技能並非終點，而是通往目的地途中的一站。資優者渴望締造開疆闢土的創新成果，可以全面改寫其專業領域，或是挑戰既有的水準。從事後諸葛的角度來看，革新創舉的例子很多，例如布林（Sergey Brin）與佩吉（Larry Page）創造Google網站的遠見，米藍達（Lin-Manuel Miranda）的百老匯音樂劇「漢米爾頓」（Hamilton），或是比爾蓋茲夫婦的慈善事業。他們不僅貢獻了高價值創意，更從根本改變了所在領域，甚至改變了整個文化的紋理。

為了讓機構內資優成員的潛能發揮到最大，主事者可自問：資優者想要追求的卓越是什麼？多數人都專注在專業技能，但資優者的目標卻可能指向他方，他們認為專業技能只是必要步驟之一，是追尋創舉途中的一個檢查哨。他們的企圖心令人敬佩，但即便是資質最優異的人也不見得都能成功締造創舉，即便成功了，市場接受度又是另一個挑戰。

賽門頓發現，所謂革新創舉，常是以新穎方式結合現有因素的結果。我們都可以隨機整合各種想法，但多數結果並無實用性或原創性。腦中的點子不斷隨機碰撞之後，有時能產生可行結果，跨出創新的第一步。創新突破之舉並非努力就有，但賽門頓的研究指出，若能採用系統性的方法，或許可以提升成功勝算。

通往創舉的過程就像破解密碼，想像你正試圖破解的安全鎖是個電子數字鍵盤，如果鍵盤只有兩個按鈕，密碼只有兩碼，且不可重複，那麼就極容易破解，因為一共只有兩個組合（1、2或2、1）。如果鍵盤有三個按鈕，密碼是三碼，難度就高一些，因為可能性增多為六個。但組合的可能性是以倍數增加，一旦多於三個按鈕，解開安全鎖的難度就大幅提高。五個按鈕、五碼密碼的安全鎖有一百二十個數字碼組合，而十二個按鈕配上十二碼密碼就有四億七千九百多萬個組合。當我們試圖結合多個事實與概念，以求問題的答案，其可能性之多，可能讓問題看起來幾乎無解。

追求革新創舉的人必須時時留心在複雜與簡單之間取得平衡，考慮因素太少可能無法得出正確組合，考量太多則可能讓事情太過複雜，因而無法解決。賽門頓發現，資優者經常刻意尋求看似關聯性並不高的概念，他們知道多元的想法才是通往創新組合的途徑。

人工智慧電腦的功能就是結合各種數據與概念，以評估數以百萬計的可能組合。人工智慧機器太過理性、系統性，因此電腦科學家刻意在程式編寫之際就引入隨機資訊。同樣地，資優者需要找到系統性的方法，並引入核心領域之外、乍看似乎無關的新經驗與點子。

透過創意組合取得革新發明的典型例子之一就是賈伯斯，他是屬於人際磨合度較低的社交囧星人。賈伯斯曾在紅木學院學習書法，似乎與他追求科技突破的道路無關，多年後賈伯斯在史丹佛大學畢業典禮演講的時候曾說，書法的非線性規則，例如字母之間不平均留白之美，形成他後來對美觀設計的重視。蘋果產品既是科技革新又有精美設計風格，使得該公司快速崛起，並改變了科技在日常生活的角色。

賈伯斯曾是皮克斯動畫工作室的大股東，結識了另一位因為異業結合而取得創新成果的人：卡特姆（Ed Catmull）。卡特姆從小就對動畫有著無比熱情，但選擇了務實的道路，進入猶他大學主修電腦工程。一九七〇年代，卡特姆跟著電腦圖學先驅蘇澤蘭（Ivan Sutherland）做研究，因而獲得啟發，結合了自己的兩個興趣領域：動畫與電腦科學。卡特姆的創意就是運用電腦（而非傳統人工畫法）製作動畫電影，其革命創舉的具體成果就是屢獲奧斯卡獎的皮克斯動畫電影，影響所及也跨入其他領域，例如電玩產品就因而加入美麗的圖畫與引人入勝的故事情節。

雖然創舉經常來自於各種想法的碰撞，但有時只是換個視角去檢視現有的領域，或許就能獲得創新成果。路易斯（Michael Lewis）的著作《大賣空》（The Big Short）就是描寫細微之處的創新思考，這是個真實故事，幾位非主流金融專家在二〇〇〇年代中期預判了房貸危機。他們身上都有強烈對人際關係過敏的特質，因為本性使然，他們的注意力聚焦於細節，而非全貌。當時的金融界認為房貸抵押債券屬於ＡＡＡ等級（高品質、低風險），路易斯筆下的這些人物卻因為聚焦式的注意力，察覺到房貸抵押債券有無數的次級抵押債券，潛藏了極高的風險。

他人不曾注意的細節成了他們執著研究的目標，經過綜合分析，他們發現了赤裸裸的事實：美國經濟正處在崩潰邊緣，只等次級房貸壞帳不可避免的開始出現。二〇〇九年，他們的預言成真，在金融界不斷探底的時候，這幾位非主流的投資者卻獲利一億美元以上。他們之所以能異軍突起，是因為願意去解析無數細微資訊所組成的嚴峻事實。

突破性創舉都是隨機發生，或是賽門頓說的「或然」。有人或許一開始就能掌握有價值的創意組合，那就像你第一次買樂透彩券，號碼球就一一出現你選的數字。然而資優者經常是投入多年、甚至數十年的辛勞，才「或許」可以到達突破的點。殘酷的事實是，即便是資質優異，恐怕也不見得可以成功達成戮力追求的革新創舉。薇娜爾教授等學者發現，多數資優生最後都成為專家，對所屬機構做出重大貢獻。

即便你終於發現所渴望的創意組合，外界也必須有適當的準備，才能接納不同的做事方法，然後你還得有效與他人溝通，將創新理念傳達給更廣的觀眾，對社交尷尬症患者來說，這或許是最大的挑戰。

本書對天賦的討論著重在社交囧星人對興趣領域的執著，但社交挑戰當然也是這類型人的一部分。他們若無法有效將創意傳達給他人，就好似終於破解安全鎖的密碼之後，卻發現裡面還有另一道鎖。對他們而言，比起科學發明或開發新產品，人際溝通還更困難一些。

每個人都希望自己的創意可以輕易獲得他人欣賞，但事情從來不是如此。例如你要設立新公司，就必須有股東願意投資你的創意，公司才可能生存，包含投資者、員工、監管單位，當然還有顧客，都必須相信你的想法有投資價值。二〇一三年，布洛哲特（Henry Blodget）在《商業內幕》（Business Insider）發表文章指出，從矽谷最著名的創投公司Y Combinator（簡稱YC）提供的數據，可以計算出創業成功機率。YC創投對象的五年成功率在百分之十以下，而且原本就只有不到百分之五的新創公司可以獲得YC的青睞，因此成功率是驚人的低。

在出版界，即便是最優秀的作家也可能等待數十年，才有出版社或讀者終於對他們希望傳達的訊息產生共鳴。幾個著名的例子是史蒂芬金的第一本小說《魔女嘉莉》曾被各出版社拒絕了三十次；J．K．羅琳的第一本哈利波特小說被拒絕十二次；《飄》被拒絕三十八次；還有C．S．路易斯在寫作生涯共被拒絕八百次，令人咋舌。

還有太多的例子可以指出難以克服的無常，毋須一一細數，我想上述事例的作用不是令人氣餒，而是獲得正面啟發。其中最有趣的問題是：「這些人為什麼還是繼續努力追求成功？」最後終於克服萬分之一的成功機率、締造革新創舉的人，總能給眾人許多啟發。但殘酷的現實仍是，不論他們多麼熱切追求新境界，面前的道路總是艱辛又漫長，但他們卻堅持苦熬，在他人眼中似乎是不合理、甚至愚蠢的選擇。

如果有人天性就能在這種磨人的環境生存下去呢？如果有人在乎的不是難以克服的無常，而是專注在通往非凡的微渺契機？這樣的人喜歡按部就班一一研析無數的細節，他們對工作有無比的熱情，並且無視於失敗的可能，只是重複不斷嘗試各種創意組合，再加上他們有敏銳的專注力，不容易分心，對外來的懷疑、批評、仇視也都不甚在乎。若是我在追求遠程目標的路上遭遇到難以掌握成功機率的狀況，我會希望有幾位社交怪咖在我身邊。

不完美的傑出

我們都需要外來的啟發，需要打敗邪惡勢力的超級英雄，或是克服人生萬難而登上顛峰的英雄，他們的故事帶來希望，讓我們知道堅持與勇敢可以產生什麼力量。你若仔細研究他們的人生路徑，細細觀察他們為了取得成就而面對了多少挑戰，就會發現這些故事處處有啟發。

在這些英雄故事裡，與生俱來的天賦似乎有利也有弊。故事主角常是獨行俠，因為太特別而無法融入環境，他們不懂得如何讓超能力發揮正面效益，而非造成傷害，經常因為太特殊的能力產生了副作用，而不禁想要放棄自己的天賦。

天賦極高的社交囧星人可能寧願放棄一部分的智能或創造力，以求更加融入人群，我身邊所有的這類學生或病人都曾如此說過。特殊的能力確實可能是歸屬感的阻礙，過於執著的精力也可能輕易失控。資優者可能因為太專注、太積極追求專業的進步，造成私生活乏善可陳，逐漸與旁人疏離。他們總懷抱遠大目標，希望在某天能締造革新創舉，只是成功機率太低，這世界畢竟不可能天天搞革命。

資優者常也是完美主義者，但他們的人生故事卻離完美境界很遙遠，他們不盡然過得比別人糟，也不比別人更值得同情。從他們的故事，我們應該體認到每個人面對的困境都不同，也應該以更開放的心境理解這些特殊的挑戰。

再回到我的高中時代。後來即便我不再坐在凱莉旁邊，我仍繼續上西班牙文課。教課的馬丁尼茲老師是我最喜歡的老師，他對我有許多教導，其中最有價值的就是他教導我如何思考周邊環境的狀況。馬丁尼茲老師教我如何用現在式描述當下的狀況、用簡單未來式描述即將發生的狀況，以及用未來完成式描述在某個狀況先發生之後就會發生的狀況。此外，馬丁尼茲老師也教我一個並不正規使用的時態：「過去未完成式」，描述的是因為一個持續固定發生了數個月或數年的事而造成的某一件過去的事。

如今在社交媒體的訊息都經過精心修飾，YouTube影片或許也只有兩分鐘，別人的傑出表現都是以最終的狀態來呈現。我們看到別人捧著獎杯、上台當主講人，或是貼出精采的自拍照，可能會產生心理學家所說的「後見之明的偏誤」，就像有人說：「我早就知道，我知道她有一天一定會得到冠軍。」或是說：「我從認識他的第一天起，就知道他一定會得到終生成就獎，這一點都不意外。」但是，這些人可以挑戰現狀並在最後到達顛峰，幾乎都是因為辛苦多年，在一點也不精采的狀態之下不斷鞭策自己發揮天賦能力。

在他們逐漸累積必要知識、一步步磨練技能的漫長路途上，有時在旁觀者眼中簡直像是——請容我直白的說——傻瓜。資優者確實可能像傻瓜一樣，追求創新的人總愛不斷進行實驗，其中總有不可控的因素，因此經常失敗得慘兮兮，旁人常弄不懂為什麼有人想做這麼古怪的事。在他人眼中，處於奮鬥過程中的資優者有時就像是失心瘋一般。

他們以不屈不撓的驅動力發揮自己優於常人的能力，當他人見證最後的空前成就，只看見辛苦過程之後的結晶，卻不知過程並非暢通的直線，事實上，他們為了尋求新的研究途徑或新的創意，經常曠日費時忙得團團轉。科學家在實驗室徹夜鑽研問題，芭蕾舞者在訓練時間過後繼續留下來，只為精進腳尖旋轉的舞步，他們甘願犧牲，投入額外心力，希望到達無人曾及的境界。這個社會應該做的不是讚頌天賦，而是應該設法培養有天賦的孩子，並以務實的態度面對他們的潛能與可能遭遇的困境。

馬丁尼茲老師的西班牙文課只有十個學生，我們彼此的感情非常好。老師教過去未完成式的作法既創新又有意義，可以有效幫助我們用過去未完成式進行對話。他要我們談談朋友或家人的成就，而且是因為過去努力不懈而能取得的成就。沒想到同學們分享的都是非常私人的故事。

有同學談到某個家人是家族中第一個大學畢業的人，或是某個朋友成功克服家庭困境，也有同學談到父母為了給子女更好的生活而辛苦移民到美國，每個故事都不一樣，但都是充滿啟發的故事，描述故事主角憑藉堅定的決心，不斷累積經驗、更上層樓，並因此改善周遭人的生活。

班上十個學生的組合似乎恰恰是美國高中生的寫照，我們有啦啦隊長、足球明星、紫色頭髮的龐克搖滾樂手，以及一、兩位內向慢熟的人，就像劇情老調的高中生電影卡司。我當時的體認是，一旦我們看穿表面，就會發現每個人的故事都有抱負與恐懼。我們使用過去未完成式描述心中景仰的人，卻意外感受到親友是如何不斷犧牲自己，對我們的人生提供善意的協助。

我觀察到同學們說故事都是以充滿感情的細節做為基礎，他們所愛之人多年來做了許多細微卻意義重大的行為，每每說到情緒激動之處，都是因為憶起了過去習以為常的動作，例如母親十七年以來每天早上四點半起床照料孩子，或是兄姊耐心幫助有閱讀障礙的弟妹，直到弟妹終於在上小學之後學會閱讀。

在課堂上聽大家分享人生智慧，讓我清楚的瞭解到，人際關係之美無關乎社交能力的高低，而是來自於我們是否採取良善的出發點，一一注重所有的社交互動細節。

後記

作者總會跟自己的書發生關係。我知道這句話聽起來很詭異，但即便是思想結構最清晰的作者也會告訴你，書總會發展出它自己的生命。作者撰寫文字傳達理念，幾個月之後重新閱讀書稿，準備進行編輯，卻從書稿發現了新的觀點，且是作者先前並未參透的觀點。這種關係就像一個人與他曾經居住的城市，當你回到曾經鍾愛的城市，看到思念的熟悉角落，舊時生活與現下生活產生碰撞，給了你新的視野。

我寫上一章的時候，曾回溯已經數月未讀的章節，卻勾起深刻的自我反思。我讀到扮演摔角選手富士先生的慘劇、在舞池吃了一嘴凱莉的髮絲，還有對已故友人的回憶，在我重新體驗過往之際，也對往事有了新的認識。我曾耗費多年努力擺脫成為社交囧星人所造成的嚴肅問題，卻發現這些問題也促使我的生命往更好的方向發展。

我的問題終究都有了好的結果。我很幸運擁有許多善良又支持我的朋友與家人，他們在我表現最笨拙的時候也不離不棄。家人與精神導師幫助我追求一個我認為具有挑戰性的工作，讓我可以浸淫於系統性的調查研究，例如如何戀愛成功，或是社交尷尬可能有什麼優勢。就工作與玩樂而言，所有的發展都讓我非常感恩。

我並不完全知道為什麼我的生命可以有這些好的發展。我可以想到的是，我對人際互動採取正面態度、努力練習如何遵循社交習俗，最終強化了社交能力，但我並不認為我的社交生活是順利、流暢的過程。社交囧星人都是以由下而上的方式解析周遭事物，都是在短暫瞬間到達明白的狀態，就像化學反應在到達門檻之後改變顏色或爆炸。這類人常對事情結果感到意外，壞結果讓他們驚覺不妙，好結果則讓他們覺得像是變魔術。

在本書的起草階段，我的朋友安迪曾問我是否希望自己不是社交囧星人。我深思良久之後，最終意識到我基本上對自己社交困難的個性抱持感恩的態度。雖然有許多時候真的很希望人際關係可以不要這麼難搞，因為我的笨拙而造成他人困擾的時候，我也深感罪惡，但我也認為社交不自在的個性讓我學會謙遜，讓我懂得以更多的同理心對待其他不符合傳統社會規範的人。

社交囧星人常覺得社交世界太混亂，無法將之系統化，但從本書的討論可知，社會科學能幫助我們看清某些合理、可預測的社交規則。科學方法有助於梳理混亂局面，釐清事物之間的關係，甚至能幫助我們預測即將發生的狀況。從現有的社會科學研究，我們知道社交囧星人的注意力就像聚光燈一樣清楚、但小範圍地照亮特定的興趣領域，他們天生就是如此專注在自己的興趣，且多半是非社會性的興趣領域，因此對他人來說顯而易見的社交訊息，他們卻視而不見。當他們的行為不符合微妙的社交規則，若旁人從這些小地方做判斷，便可能認為他們不合群，或是不認同群體的目標與價值觀，這就是麻煩的開始。

但是，研究我們為何缺乏人際智商的科學也可以應用在幫助這類人身上，引導他們思考在社交場合該注意什麼，讓他們知道社交能力的重要性，並提供一個概略的路徑圖，讓他們知道受歡迎的人如何因應社交生活。我希望現有的數據與理論可以讓不知所措的社交囧星人看到一個架構，有一幅概略的地圖，讓他們在社交生活中不致迷失。社交科學不可能確切告訴他們該如何應對每一個狀況，但可以提供某些引導，讓他們針對自己的特殊狀況走出一條適合的路。

不擅長交際應酬的人不需要廣受歡迎，或是維繫多達幾十個好朋友。幸福常是來自於維繫少數卻深厚的感情做為生活的重心。我們需要做的就是以投入工作或興趣的程度來應對人際關係。人與人之間如果對公平、善良、忠誠都有同等的付出，彼此的關係就能大幅提升，也才能有一股正向的力量，讓我們保持在穩定的軌道上，繼續以熱情追求革新創舉。

社交囧星人並沒有比任何人優秀，他們只是不同。雖然他們的能力或個性在某些領域可以有龐大的發展潛力，但一般人天生有能力處理的社交互動，對他們來說卻是挑戰。這些人也不應享有特殊待遇，但旁人若願意多給一些耐性，以寬厚的態度面對他們的古怪行徑，並支持他們追求的目標，對他們來說將是極大的助益。其實不管人們是屬於社交外向或內向，都需要他人如此對待。

從本書探討的理論與科學研究結果，我們已經知道某些人為何容易社交不自在，又該如何引導他們的注意力，才能讓他們更能瞭解與應付社交場合。但邏輯與理論的作用也有限，雖然可以運用「如果……就……」的公式處理社交互動與一般禮節，但還是可能出現無法預測的變數，因為對象是人類，而人類本就多變。人際互動的一加一並非永遠等於二，同樣的兩種元素加在一起也不見得每次都產生一樣的複合物。人性正因為多變，才會既惹人惱怒又無比美好。

心理學指出許多不同的路徑都可以通往充實的幸福生活，若有人說他有一套人人適用的辦法可以幫助你獲得社交或情感的歸屬，那恐怕有點問題。儘管如此，心理學最一致的一個研究結果就是：充實的幸福生活與人際關係的品質息息相關。

我現在已經能體會生命中最美好的事物多是來自於意料之外、且細微之處的善良與忠誠，超越任何我想到的其他因素。當我遭遇狀況時，若能鎮定地自我提醒把聚焦式的注意力放在他人身上的重要訊息，我發現自己就能更趨近歸屬感，我的情緒能量也以一種令人愉悅的方式被擴大了。

社交生活的不可預測性或許令我感到無奈，但在我的生命中，最有意義的時刻都是因為有人做了意料之外的事。生活中總有人的表現超出我們的預期，包含父母親為你付出無盡耐心，師長給你當頭棒喝，西班牙女孩的善意之語，善待他人的朋友教你看到社交的正面價值，或是某個老師幫助你從新的視角看未來。這些人造福我們的人生，當我們能將敏銳的注意力放在他們身上，深深體會他們如何以最令人意外的方式超越了我們的期望，我們就能真正細細品嚐到人生最甜美的滋味。

CFH 330

社交囧星人的生存之道：不擅交際又如何？心理學家教你將社交尷尬發揮為優勢，把怪異變優異

作　　者—泰田．代
譯　　者—謝凱蒂
副 主 編—郭香君
責任企劃—張瑋之
封面設計—兒日設計
發 行 人—趙政岷
出 版 者—時報文化出版企業股份有限公司
10803台北市和平西路三段二四〇號四樓
發行專線—（〇二）二三〇六—六八四二
讀者服務專線—〇八〇〇—二三一—七〇五
（〇二）二三〇四—七一〇三
讀者服務傳真—（〇二）二三〇四—六八五八
郵撥—一九三四四七二四時報文化出版公司
信箱—台北郵政七九～九九信箱
時報悅讀網—http://www.readingtimes.com.tw
法律顧問—理律法律事務所　陳長文律師、李念祖律師
印　　刷—勁達印刷有限公司
初版一刷—二〇一八年九月二十一日
定　　價—新台幣三五〇元

時報文化出版公司成立於一九七五年，
並於一九九九年股票上櫃公開發行，於二〇〇八年脫離中時集團非屬旺中，
以「尊重智慧與創意的文化事業」為信念。

社交囧星人的生存之道：不擅交際又如何？心理學家教你將社交尷尬發揮為優勢，把怪異變優異 / 泰田．代（Ty Tashiro）作；謝凱蒂譯. -- 初版. -- 臺北市：時報文化, 2018.09
面；　公分（人生顧問；330）
譯自：Awkward : the science of why we're socially awkward and why that's awesome
ISBN 978-957-13-7532-8（平裝）

1.人際關係 2.社會互動 3.社交技巧

541.76　　107014501

AWKWARD by Ty Tashiro
Copyright © 2017 by Ty Tashiro
This edition arranged with DeFiore and Company Literary Management, Inc.
through Andrew Nurnberg Associates International Limited
Complex Chinese edition copyright © 2018 by China Times Publishing Company
All rights reserved.

ISBN 978-957-13-7532-8
Printed in Taiwan